初め嫌い
今は好き
が長く続く
中谷彰宏

あきひろ

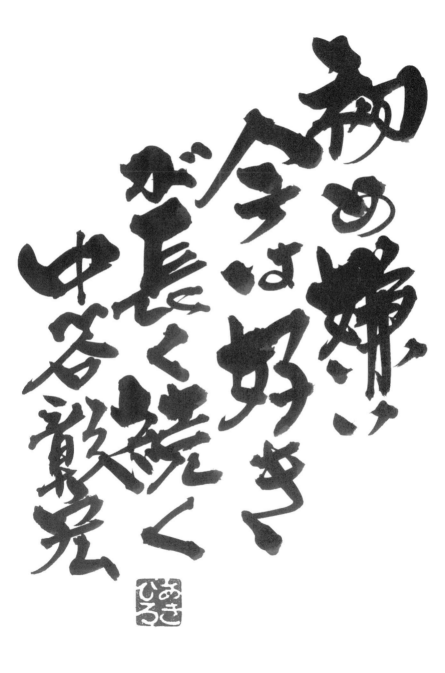

この本は、3人のために
書きました。

❶友達は増えたけど、わずらわしい人。
❷友達が減ると、さびしい人。
❸悪口を言いふらされて、へこんだ人。

「友達申請に疲れた。」

01 はじめに

仲間を増やすより、ストレスのない関係をつくろう。

人脈は、どうやって仲間を増やしていくかということです。
人間関係は、増やした仲間と、どう豊かな人生を歩んでいくかということです。
仲間は増やしたほうがいいのです。
ただ、増やした仲間を維持するためにストレスがかかったら、本末転倒《ほんまつてんとう》です。
仲間と親しくなると、今度はしなくてもいいケンカが生まれます。
これもまた本末転倒です。

大切なのは、仲間をどう増やすかよりは、今いる仲間のストレスをどう解決していくかです。

ストレスがあるたびに、リセットして新しい仲間をつくることを繰り返していると、いつまでたっても豊かな人生を築くことができません。

結局、友達がいなくなってしまうのです。

情報化社会は、「友達申請」で友達がつくりやすくなっています。

そんな時代の中で、申請疲れをしている人もいます。

「なんでレスがないの」と言われることに、ストレスを感じる人もいます。

この問題をどう解決していくかが、この本のテーマなのです。

感情をコントロールする工夫

01

関係のストレスの解決法を身につけよう。

こんな人間関係で悩むとき

ファーストクラスに乗る人の人間関係　目次

第1章 とっつきにくい人こそ、運命の人となる。

第2章 反対する人が、最高の味方になる。

第3章 怒りの感情は、長く続かない。

第4章 人に悪口を言わない人は、言われても平気になる。

第5章 原因を自分に見つけると、人に振りまわされない。

第6章 自分軸を持つ人は、ウワサに翻弄《ほんろう》されない。

第7章 嫌われる役が一番愛される。

□感情をコントロールする57の工夫

01 □関係のストレスの解決法を身につけよう。
02 □嫌いから、始めよう。
03 □あえて二重人格を使おう。
04 □踏みこもう。
05 □すべてをポジティブにしようとしなくていい。
06 □否定するより、とりあえずやってみよう。
07 □57歳の人は、7歳として接しよう。
08 □人と役を混同しない。
09 □イヤな人は、パート2では味方になると考えよう。
10 □「友達が多いけど、孤独」を抜け出そう。

11 □友達の前に、価値観を持とう。

12 □意見より、価値観の違いに気づこう。

13 □意見の違う友達を持とう。

14 □みんな同じ状況と考えない。

15 □仲よしより、理解しあう関係になろう。

16 □受けとめてくれる人を、1人持とう。

17 □怒りを、エネルギーにしよう。

18 □作業を始めよう。

19 □役を演じよう。

20 □「直接ご説明しますので、お名前を教えてください」と言おう。

21 □ムッとしたら、間をあけよう。

22 □「悪いこと」も、認めよう。

23 □全部、相手のせいにもしない。

24□怒る側より怒られる側になろう。
25□期待しすぎを、捨てよう。
26□意地悪な人は「これまで不幸だった人」と考えてあげよう。
27□悪口が増えれば、ほめ言葉も増えると考えよう。
28□悪く思われているという幻想を捨てよう。
29□悪口を言われたら、成長を喜ぼう。
30□悪口を言った人は、忘れていると考えよう。
31□相手にも自分にも100%を求めない。
32□傷つかないプライドを持とう。
33□2割・5割・8割で報告しよう。
34□8割進んだ時の変更にも、エネルギーを残しておこう。
35□メールの返事の遅いことを、心配しない。
36□「来てくれたこと」に感謝しよう。

37 □ 相手にも、生活があることを知ろう。

38 □ 趣味も勉強も持って、人間関係の比率を小さくしよう。

39 □ 違う種類の縁をたくさん持とう。

40 □ 何度でも、許そう。

41 □「全員が敵」は、続かないと考えよう。

42 □ 相手を認めて、わがままになろう。

43 □ 苦手なところも、隠さない。

44 □ 好きなところを、探そう。

45 □ 自分もナマで判断しよう。

46 □ 世間の印象を、隠れ蓑にしよう。

47 □ 疑うより、だまされよう。

48 □ 脅迫《きょうはく》で解決しようとしない。

49 □ 嫌われ役を、引き受けよう。

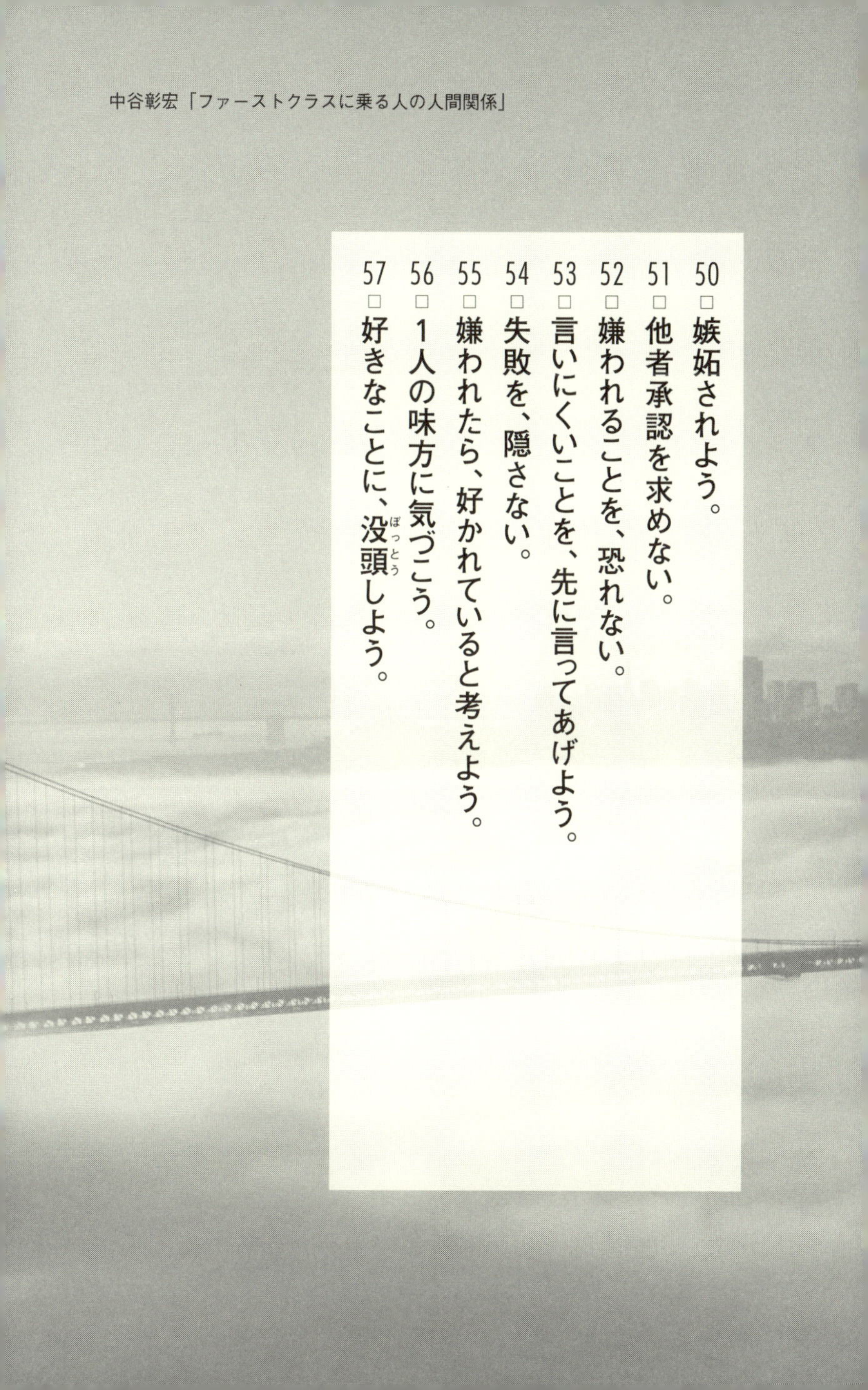

中谷彰宏「ファーストクラスに乗る人の人間関係」

50 □ 嫉妬されよう。

51 □ 他者承認を求めない。

52 □ 嫌われることを、恐れない。

53 □ 言いにくいことを、先に言ってあげよう。

54 □ 失敗を、隠さない。

55 □ 嫌われたら、好かれていると考えよう。

56 □ 1人の味方に気づこう。

57 □ 好きなことに、没頭《ぼっとう》しよう。

ファーストクラスに乗る人の人間関係

——感情をコントロールする57の工夫

第1章

とっつきにくい人こそ、
運命の人となる。

「初対面で、嫌われた。」

02 「初め嫌いで、今は好き」が、一番長く続く。

初対面で嫌われた時のほうが、かえってあとで好きになることがあります。

一番長く続くのは、「最初に会った時はイヤなヤツだと思ったけど」という関係です。

よりよい人間関係の順番は、「好き」→「嫌い」→「どちらでもない」という順番です。「好き」→「どちらでもない」→「嫌い」ではありません。

「どちらでもない」は、結局、「どうでもいい」ということです。

女性の男性に対する見方のランクは、「好き」→「素敵」→「どうでもいい」という

3段階です。

最初に嫌われたからといって、くじける必要はありません。「覚えていない」と言われるよりは、嫌われたほうがいいのです。「嫌い」は「好き」に変わる可能性があります。

「どうでもいい」から「好き」になる可能性は、まずゼロ%です。

情報化社会で友達が簡単にできるようになればなるほど、相手に踏みこむ勇気が、だんだんなくなります。踏みこんで嫌われたくないので、最初に「どちらでもない」コーナーに入って様子を見ようとするのです。

それでは永遠に相手とのつきあいは生まれません。

最初に相手に嫌われることをビクビクしないことです。

嫌われても、まだチャンスはあります。

「こっちだって、あんたに興味ないよ」「あんたのことなんか嫌いだよ」という捨てゼリフでチャンスをつぶしてしまうのは、もったいないのです。

相手に嫌われたら、「どちらでもない」の予選を通過したということです。

感情をコントロールする工夫

02

嫌いから、始めよう。

人を嫌うことには何か罪悪感が伴います。

好き嫌いは、あってもいいのです。無関心のほうが、もっと罪深いのです。

初めて会った人に、名刺をもらいます。「好き」「嫌い」「どちらでもない」という3つの箱があった時に、とりあえず「どちらでもない」の箱にキープしておくのが、一番つまらないことです。

相手に嫌われても、自分が相手を嫌っても、それで終わりではありません。

むしろ、そこからがスタートです。

ただし、「どちらでもない」に入れられたら終わりです。

これは人間関係の距離のとり方の問題です。

情報化社会は、友達をつくりやすいかわりに、友達と近づくことを恐れます。

離れすぎてしまうわりには、さびしいし、孤立するのです。

「年上の部下と、どうつきあうか。」

03 職場の人間関係は、上下関係ではなく、役割分担と考える。

会社で「年上の部下」が生まれています。
昔は年功序列だったので、いつでも上司は年上、部下は年下でした。
職場における人間関係も、そんなにややこしくありませんでした。
いまは、20代の上司に60代の部下がつくこともありえます。
少し年上というのも、微妙です。

同期は、もっと微妙です。

チームで仕事をする上においては、リーダーはリーダーなのです。

企業研修では、「年上の部下とどうつきあえばいいか」という質問が必ず出てきます。

コツは、「礼儀正しく、ずうずうしく」です。

たとえば、野球のピッチャーとキャッチャー、サッカーのフォワードとゴールキーパーは、上下関係ではなく、役割分担です。

会社というチームにおいても同様です。

部長と課長は、単なるポジションの違いです。

仕事上で指示を出す役と、指示を受けて動く役とがあるのです。

上下関係と思うと、年上の人には言いたいことを言いにくくなります。

とはいえ、マナーをよくしておくことは大切です。

そうしないと、「なんだ、年下のくせに偉そうな」と思われます。

「ずうずうしく」というのは、役割を果たすということです。

年上の人間に対してリスペクトを持つことが、マナーをよくするということです。

叱る時も、マナーよく、言葉づかいも礼儀正しく叱ります。
仕事を離れたら、人間として年長者をリスペクトします。
プレーが始まれば、年齢は関係ありません。
リーダーはリーダーとして、スタッフはスタッフとして接します。
「人間」と「仕事人」との二重人格で使い分けるのです。
1つの人格で接しようとすると、不具合が発生します。
二重人格は悪いことではないのです。
ただし、2つの人格ではうまくいきません。

① 人間としての自分

② 仕事人としての自分

③ そのスイッチを切りかえる自分

という3つの人格が必要です。

年上の人間に対して、「仕事でペコペコ、ふだんは横柄《おうへい》」というのは最悪のパターンです。

これは、スイッチを入れる人がいなくて、成り行き任《まか》せになっているのです。

『ジキル博士とハイド氏』は、スイッチを切りかえる人がいなくて、どちらにスイッチが入るかわからないから怖いのです。

スーパーマンは、「気弱でまじめな新聞記者のクラーク・ケント」と「強いスーパーマン」を使い分けています。

ピンチの時のクラーク・ケントは役に立ちません。

新聞記者の時のスーパーマンは、スイッチを押す力が強すぎてコピー機を壊してしまいます。

「すぐに修理を頼まなければ」という状況になるのです。

『スーパーマン』がヒーローでありえるのは、どちらのキャラクターにするかを操作できる自分がいるからなのです。

感情をコントロールする工夫

03

あえて二重人格を使おう。

「礼儀正しいほうがいいか、なれなれしいほうがいいか。」

04 最初と最後は、礼儀正しく。真ん中は、ずうずうしく。

人と仲よくなりたければ、「礼儀正しく、ずうずうしく」することです。

これは年上の部下との関係に限らないのです。

「礼儀正しく、謙虚《けんきょ》」ではチャンスはつかめません。

「横柄に、ずうずうしく」では出入り禁止になります。

大切なのは、年長者のフトコロに入って、かわいがってもらうことです。

年長の人に対して「礼儀正しく謙虚」では、永遠にチャンスはつかめないのです。

タイミングも重要です。

最初と最後は礼儀正しく、真ん中はずうずうしくします。

「ずうずうしい」から始まって、途中が礼儀正しくて、最後「ずうずうしい」で終わると、「横柄なヤツ」という印象になるのです。

私は、20代から、自分の親ぐらいの年齢の経営者に講演や研修をしていました。

指示を出したり教育したりする現場では、厳しいことも言わなければなりません。

うっかりすると、失礼なことになります。

私は、冒頭は丁寧《ていねい》に出て、最後の締《し》めのところで「偉そうなことを言いまして、すみません」と言うようにしていました。

そうすると、途中でずうずうしかった分、急に礼儀正しさが効いてくるのです。

私のコアトレの先生は若い方ですが、指導中はドSで、最初と最後は低姿勢です。

だから、受け入れられるのです。

指導中に甘くされても困ります。

帰りがけに横柄ではイヤな感じになります。

「最初と最後は礼儀正しく、真ん中はずうずうしく」は、人間関係が一番ギクシャクしない形です。

成熟社会は、あらゆる職場で上役と部下の年齢の逆転現象が起きています。

これは世界の基準です。

その時に職場がギクシャクしないための方法が、「礼儀正しく、ずうずうしく」です。

まじめで才能があって仕事好きな人は、優秀なので上役に抜擢《ばってき》されます。

下に年上が来る現場は、たくさんあります。

才能がある人ほど、人間関係の調整力が必要です。

現場でギクシャクしたら、「いまは人間関係の調整を覚えているんだ」と考えます。

職場は、そのための勉強の場です。

仕事でうまくいくためには、

① **仕事としての能力**

② **人間関係を調整する能力**

という2つの能力が必要です。

編集者で言えば、本を企画し、編集する能力がどんなにあっても、人間関係を調整する力がなければ、プロとして成り立ちません。

まわりの人から協力してもらえないし、引き立ててもらえないので、チャンスがつかめないのです。

みずからもストレスがたまって、行き詰まります。

優秀な人ほど悩んでいるのです。

もともと仕事ができない人なら、別にいいのです。

頑張って仕事ができるようになったのに職場を去らなければならないのは、もったいないのです。

感情をコントロールする工夫

04

踏みこもう。

「ネガティブなことを、言う人がいる。」

05 ネガティブなことを言う人も、必要だ。

どこの職場にも「ネガティブなことを言う人」はいます。

ゴキブリが出たからといって、世の中がゴキブリに支配されることはないのです。

ネガティブなことを言う人に対して「あなたはいつもネガティブなことを言う」と叱るのは、ネガティブにネガティブで返しています。

結局、自分もネガティブなのです。

「何度言っても、あの人は変わってくれないんですよ。あの人を交換してくれませんか」と言うのは、すでにネガティブな発言です。

「私はポジティブで、あの人はネガティブ」というのは、ウソです。

ネガティブな人に「これをやって、万が一お客様からクレームが出たらどうするんですか」と言われたら、「すばらしい。我々が気づかないことに、あなたは気づいてくれた。あなたのような人がこのチームには必要だ」とほめればいいのです。

これが本当のポジティブです。

いま、世の中全体がポジティブ礼賛になりすぎています。

自分が少しでもネガティブな感情を持つと、「ネガティブな自分は生きている価値がない」と考えます。

「ネガティブな人は世の中にとって有害だ」と思いこんでいるのです。

世の中にはネガティブな人も必要です。

たとえば、飛行機の機長が何かミスした時に、「機長、こんな警告が鳴っていますけど大丈夫ですか」と言うのが副操縦士の仕事です。

全体主義国家では、これが言えません。

ポジティブシンキングの人は、「機長はきっと気づいているに違いない。何かのサプライズで、お客様をびっくりさせようとしているんだ」と解釈します。

これでは危なくてしようがありません。

この場合、副操縦士がネガティブであるのは大切なことです。

心配性でないお医者さんも危ないです。

レントゲンで少し影のようなものが写っていた時に、「きっと何かの間違いだね。異常なし」と、ポンと判こを押されるのです。

「申しわけありません。思いすごしかもしれないけれども、角度を変えて、もう1回レントゲンを撮らせてください」と言うお医者さんは、ある意味、ネガティブシンキングです。

私のホームドクターの中村先生も、そういうタイプです。

もう一度撮って何もなかったら、「すみません、中村の早とちりでした」と言ってくれます。

こういう人のほうが安心です。

ポジティブシンキング流行《ばや》りの怖さは、これです。

ネガティブな発言をする人に対しては、「たしかにそれはあるね」と言えばいいのです。

感情をコントロールする工夫

05

すべてをポジティブにしようとしなくていい。

「ネガティブな提案に、どう対応するか。」

06 ネガティブシンキングには、感謝して対応策を考えよう。

「レストランでビュッフェをやりませんか」という提案が部下から出ます。

ネガティブシンキングの人は「相撲《すもう》部の人が毎日来たらどうするの」と言います。

これは実際、必ず出てきます。

相撲部が毎日来たら、赤字になります。

つい「そんなことあるかね。君はなんでそんなよくないことばかり考えるんだ」と言いがちです。

そうではなく、「1カ月とりあえずやってみて、相撲部がどれぐらいの比率で来るか調べてみよう」と言うほうがいいのです。

調べてみると、原価まで食べてしまう人は2％しかいません。

最初は興奮してたくさん食べます。

リピートするうちに、だんだんおいしく味わうようになります。

食べる量は、どんどん減っていきます。

だから、ビュッフェは成り立つのです。

ネガティブな意見が出たら、そのための対応策を立てます。

「ネガティブシンキング」に対する「ネガティブアクティブ」です。

副操縦士に「警告のランプがついていますけど、どうしましょう」と言われた時に、「君は若いのに、そんな心配性でどうするんだ」と言う機長では困るのです。

気がついたことを言い合えるチームをつくることが、リーダーの仕事です。

言わないでガマンするよりは、言って、その先の解決法を考えるのです。

ネガティブなチームをまとめていくリーダーとして、部下からネガティブなことを言われることがあります。

「でも、こういうことがあったらどうするんですか」「昔、こういうことがあって」という話は、たいていベテランの人から出ます。

そういう時は、「やってみなけりゃ、わからないじゃないですか」ではなく、「1回ためしにやってみましょう」と言えばいいのです。

実行せずに議論だけでぶつかりあうと、人間関係はギクシャクします。

ネガティブな人の意見を生かしていくことが大切です。

全員がポジティブになることが、太平洋戦争の敗戦につながりました。

太平洋戦争は、ポジティブシンキングの塊《かたまり》です。

誰もがイケイケで、「いざとなったら神風が吹く」と信じていました。

その時、大本営参謀《さんぼう》本部の戦争指導課の中には、「この戦争は勝てないから、講和条約に早く入ろう」と主張する松谷誠《まつたにせい》のような人もいました。

昭和17年の段階で、「この戦争に勝ち目はない。1年以内に終戦」と言っていたのです。

その人は飛ばされました。
世の中で、ネガティブシンキングは気の毒な位置に追いやられています。
バランスが偏《かたよ》ると、ストレスになります。
「10対0」という関係が、人間関係的に一番うまくいかないのです。

感情をコントロールする工夫

06

否定するより、とりあえずやってみよう。

「怖い人と、どうつきあうか。」

07 相手の年齢を、1の位で見ると、優しくなれる。

若い人が、年上の人に会う時、相手の年齢は、10の位を捨てて、下1ケタの年齢だと考えます。

57歳の人は7歳だと思えばいいのです。

7歳だと思えば、怖がることはありません。

57歳だと思うと、「57歳にもなって、何を若造みたいなことを言っているんだ」とムッとします。

感情をコントロールする工夫

07

57歳の人は、7歳として接しよう。

7歳の人に激怒《げきど》する人はいません。

自分自身に対しても、下1ケタと思えば「この歳になって、こんなことができないのか」と、へこむことがなくなります。

クジラは150歳まで生きます。

地球の年齢とか宇宙の年齢から考えると、クジラもまだ若造です。

そう考えると、不完全な自分、不完全な相手にムッとすることはなくなるのです。

「イヤな人が、いる。」

08 イヤな人は、イヤな役を演じているだけだ。

生活指導の門のところで怒っている先生は、怒る役を引き受けたのです。

先生自身がイヤな人ではありません。

高齢者は、悪役の役者さんを「悪い人」と思いこみます。

意地悪な役をやっているだけなのに、「私、あの人嫌い。意地悪だから」と言うのです。

アメリカで、凶悪犯役の役者さんがエレベーターの中でおばあちゃんと一緒になりました。
おばあちゃんは「殺される」と叫び声を上げました。
その話を聞くと、誰もが笑います。
それなのに、会社の中のイヤな人にはムッとします。
役割分担で、「いい人」と「イヤな人」とがいるのです。
学園ドラマでは、校長先生はいい人役、教頭先生がイヤな人役です。
これは決まりごとです。
病院の看護師長さんは、必ず悪役です。
イヤな人は、その人の人格ではなく、役を演じているだけなのです。

感情をコントロールする工夫

08

人と役を混同しない。

「イヤな人が、職場にいる。」

09 映画で、イヤなヤツは、パート2ではいい人になる。

映画には、「ヒーロー」「ヒロイン」「イヤなヤツ」という3人の登場人物が出てきます。

ある映画がヒットすると、パート2では、イヤなヤツがいい人になっています。

『宇宙戦艦ヤマト』でも、パート2ではデスラー総統がいい人です。

ディズニー映画は、映画の終わりで、敵だと思っていた人が味方になっています。

イヤな人がいたら、「この人はパート2でいい人になるんだ」と思っておけばいいのです。
ゴジラは最初、悪役で登場しました。
それがいつの間にか善玉になって、悪い怪獣と戦っています。
ガメラもそうです。
「イヤな感じの人が本当はいい人だった」というストーリー展開です。
映画を見ていて、いい人が出てきたらかえって危ないです。
冒頭で出てくるいい人は、必ず犯人です。
映画では「ほらね」と思うのに、現実では、イヤな人が出てくるとムッとするのです。
映画は現実を切り取っています。
現実とまったく同じことが起こっているのです。

感情をコントロールする工夫

09

イヤな人は、パート2では味方になると考えよう。

第2章

反対する人が、
最高の味方になる。

「友達が少なくて、さびしい。」

10 「友達が少ない」イコール「孤独」ではない。

友達が増えても、さびしさは消えません。
大ぜいになればなるほど、よけいさびしくなります。
「友達が多いのに、孤独」という状況になるのです。
友達を増やしても、わずらわしさが増えるだけです。
壊《こわ》れないですむためには、たった1人いればいいのです。
たった1人の友達だから、相手に深く伝えることができます。

スマホがパンパンになるぐらいアドレスが入っていても、地球の裏側まで友達がいても、孤独はなくなりません。

「無人島にいるから、さびしい」ということではないのです。

特に、いまはSNSの時代です。

レスがなかったり、フォロワーがつかなかったりすることで孤独を感じます。

フォロワーの数やブログのアクセス数で、勝った負けたが始まります。

頻度《ひんど》とか頭数が孤独の指標《しひょう》になっていくのです。

これがさびしさ地獄に陥《おちい》るパターンです。

友達の多さで自分の孤独を埋めようとするのは、方向が間違っているのです。

感情をコントロールする工夫

10

「友達が多いけど、孤独」を抜け出そう。

「わかってくれる友達が少ない。」

11 価値観を持つと、友達は少なくなって当たり前だ。

「私はこういうのが好き」と言っても、「興味ない」と言う人とは共有できません。
その分、友達は減っていきます。
価値軸を共有できる相手は少ないのです。
友達が多い人は、本当に好きなものがないのです。
好きなものを通して、相手とつながっていきます。
これが出会いとして大きいのです。

好きなものがレアであればあるほど、「エッ、なんで知ってるの」「まさかこの話が通じる人がいるとは」ということで相手とつながれます。

中谷塾に来ている高校生の通暉《みつき》くんは、工学部志望で、好きなものは戦艦です。

学校では戦艦の話ができる友達はいません。

唯一、話せる相手が、私です。

私も、なかなか話す相手がいません。

レアなものでつながれたら、顔が生き生きします。

誰しも、そういうものを持っています。

わかってくれる人がなかなかいないからこそ、わかってくれる人に出会った時に握手できるのです。

感情をコントロールする工夫

11

友達の前に、価値観を持とう。

「相手と意見が合わない。」

12 意見が違うのではなくて、価値観が違うのだ。

自分と違う意見が出されると、へこんでしまう人が増えています。

「私はこれがいいと思ったのに反対された」「企画会議で企画を出したら、意味わからないと言われた。どういうこと?」と、ショックを受けるのです。

価値観を持てば持つほど、それを理解できる人は減っていきます。

まわりから「意味がわからない」「面白くない」と言われるのは当たり前なのです。

情報化社会では、「自分はこういうものが好き」と言うと、「いいね」と言ってくれる人が世界中から勝手に集まってきます。

なんとなく世界中の人が、自分の意見に「いいね」と言ってくれていると錯覚《さっかく》するのです。

そうなると、「いいね」と言ってくれない身近な人がきわ立ちます。

「あなたの『いいね』がまだ返ってきてない」と言われたら、言われるほうもつらいです。

そんなに「いいね」とは思っていないのです。

これで「いいね」ノイローゼになります。

上司と部下でも、対お客様でも、仕事を一緒にしている仲間同士でも、「自分と違う意見をぶつけてくるのは、自分のことを嫌っているに違いない」という解釈になるのです。

違うのは、意見ではなく、価値観です。

ベースの価値観が違うから、意見が違ってくるのです。

探らなければならないのは、「なんで?」ということです。

夫婦ゲンカも、最後は「なんで？」です。

「なんで？」は相手の価値観から出てきます。

大切なのは、相手の価値観と自分の価値観とがわかっていることです。

自分の価値観は理解できても、相手の価値観がわからない人がいるのです。

「相手の価値観からすると、その意見が出てくるのは当たり前だな」と思えるかどうかです。

自分に反対する意見を言ったからといって、自分のことを嫌っているわけではありません。

コミュニケーションは、意見のやりとりではなく、価値観のすり合わせです。

すべてを合わせる必要はありません。

お互いに、どこまで歩み寄って、どこまで寄り添えるかです。

自分も相手も変えなくていいのです。

つい「わかりました。私が折れます」ということになりがちです。

相手が折れても、自分が折れても、どちらもストレスが残ります。

どちらも折らないで、どう折りあいをつけられるかです。

これが大人の人間関係なのです。

感情をコントロールする工夫

12

意見より、価値観の違いに気づこう。

「反対される。」

13 反対されることが、友達がいないことではない。

友達でない人にとっては、相手の人が失敗しても、なんの危害もありません。

だから、無責任に「いいんじゃない」と言えるのです。

フェイスブックの「いいね」も、これと同じです。

「会社辞めて独立しようと思うんだけど」「いいんじゃない」

「ここの株、買おうと思うんだけど」「いいんじゃない」

「ここの先物取引、始めようと思うんだけど」「いいんじゃない」

どんなに危なっかしくても、「いいんじゃない」と言うのです。

本当の友達なら、反対してくれます。

「友達だと思っていたのに、まさか反対されるとは」と言うのは、「友達」の定義を間違っているのです。

私は会社を辞める時に、取引先のリクルートで仲のよかった3人に相談しました。厳密には相談ではありませんが、社内の人間にも何も言っていませんでした。

『フロムA』の道下裕久さんは、海外ロケにも一緒に行った仲です。

私が「会社を辞めようと思うんですけど」と言うと、道下さんは「いいんじゃないですか。僕は博報堂の中谷さんではなく、中谷さんとつきあっていますから」と、なかなかいいことを言ってくれました。

当時、私はリクルート系のメディアファクトリーで本を出していました。

その時のメディアファクトリーの編集長だった藤原和博さんは、「中谷さん、5年ガマンしたほうがいいよ」と、とめたのです。

もう1人の宣伝企画部次長の東正任さんは、デートでつかまりません。

明け方に電話がかかってきて、詩を読んでくれました。

三者三様の話を聞く中で、「辞めよう」と決められたのです。

自分の会社の人でもないのに、「5年ガマンしなさい」と言ってくれる藤原さんはすごいです。

藤原さんと私は、編集者と著者の関係です。

私に会社を辞めてもらったほうが、藤原さんにとっては自由度が増して都合がいいのです。

そこで反対するのは貴重な意見です。

世の中は反対意見を出しにくくなっています。

ファーストクラスに乗る人は、反対意見を出してくれる友達を持っています。

通常、企業で社長に反対意見を言う人はいません。

リクルートが強いのは、社員が「お言葉を返すようですが」と社長に堂々と言えるからです。

当時の社長だった江副浩正さんは、社員にとって神様です。

その神様に向かって、お言葉を返していくのです。

江副さんは、そういう人間を大切にしました。

通常、お言葉を返すと、「栄転」という名のもとに、どこかに飛ばされます。

そんなに偉い人でなくとも、自分の友達の中で反対意見を言える人を持つことが大切なのです。

感情をコントロールする工夫

13

意見の違う友達を持とう。

「ママ友と、うまくいかない。」

14 「ママ友」イコール「仲よし」ではない。状況は、1人1人で違う。

女性は友達をつくるのが苦手です。
特に、結婚すると友達がガクッと減ります。
合コンに呼んでもらえなくなるのです。
子どもが生まれると、さらに交際範囲が狭くなります。
唯一、ママ友だけになるのです。

人間関係がママ友1点に絞られると、ママ友とのトラブルが増えます。

ママ友の中で、ママ友会を仕切っているボスがいます。

公園デビューのしきたりとか、いろいろ大変です。

ここでストレスがたまります。

「子どものいるママ同士、みんな同じような悩みを抱えて、考えていることが共有できる」というのは、勘違いです。

たとえ同じ幼稚園に通わせているママ同士でも、状況はみんな違うのです。

それぞれの家庭で置かれている状況は、「ママ」という言葉でくくっていいかどうかわからないぐらい違います。

相撲とサッカーくらい違うのです。

それを「ママ友」でくくってしまうところに問題があります。

相撲には相撲のルール、サッカーにはサッカーのルールがあるのです。

相撲とサッカーで、「今度一緒に勉強会をやりましょう」と言っているようなものです。

これはママ友に限りません。

それぞれのグループの中で、今、自分が置かれている属性があります。
同じ業種、同じ属性でかたまると、「通じる」の期待度が上がって、その分、通じなかった時にストレスになります。

通じないと思った相手が通じると、うれしいです。

「まさか通じないだろう」と思った人が通じるほうが、人間関係は楽しいのです。

感情をコントロールする工夫

14

みんな同じ状況と考えない。

「仲よしがいない。」

15 仲よしは、理解しているわけではない。

世の中でいう「仲よし」とは、ケンカしない関係です。

ケンカしない関係では、理解しあえません。

つかみ合いの激しいケンカをして、「なんだ、同じをこと言っていたのか」「そういう意味で言っていたの？」ということがわかるのです。

同じことを言っていても、言葉の定義が違えばケンカになります。

ケンカすることで、「最初からそう言ってくれればいいのに」という着地点が見えるのです。

価値観が違うから、ケンカになるのです。

価値観が違うと、言葉の定義も違ってきます。

人間関係をよくしたければ、仲よしを求めないことです。

理解しあえる間柄の人をつくるのです。

仲よしは、同じ意見の人です。

違う意見なのに一緒にいられるのが、理解しあえる関係です。

仲よしは、意見が違った時点で破局です。

芸能人の離婚理由の「価値観の不一致」は、会社を辞める時の「一身上の理由」と同じぐらい定番です。

価値観の一致で結婚して、不一致がわかって離婚するのです。

価値観が違っているのに結婚した人に別れる理由はありません。

価値観が違うのに理解しあえるからです。

価値観が同じだと、いい時はよくて、悪い時は悪くなります。

感情をコントロールする工夫

15

仲よしより、理解しあう関係になろう。

人間関係は、悪い時にどう乗り越えられるかがカギになります。

ここで運に頼らないことです。

景気の悪い時でも仲よくやっていくのです。

建設中の事故は、仲よしの現場で発生します。

ふだん取っ組み合いのケンカをしているところは、大きな事故が起こりません。

コミュニケーションがとれているからです。

取っ組み合いのケンカをして、お互いの言葉の定義がちゃんと確認できているのです。

「このままだと、壊れそう。」

16 壊れないでいられたのは、受けとめてくれる人が1人いたから。受けとめてくれる人が、1人いるだけでいい。

元・自衛隊でメンタルトレーナーの下園壮太さんに、「中谷さんは、なぜ壊れないでいられたのですか」と聞かれました。

私は外向型アスペルガーです。

自分のルールに対して突き詰めるからです。

通常、アスペルガーは内向します。

私の恩師の西江雅之先生も外向型アスペルガーです。

アスペルガーには、いろいろなタイプがあります。

当時「アスペルガー」という言葉はなかったので、西江先生は自分で「外向的自閉症」と言っていました。

アフリカの奥地まで平気で入っていって、言葉の通じないところで、そこの言葉の辞書をつくるような人です。

していることはアスペルガーっぽいのに、出かけていくことは超外向的なのです。

私も子どもの時からそうでした。

私が壊れなかったのは、親がそれを認めてくれたからです。

ほめるというより、「それもありだな」と、認めて許してくれたのです。

大切なのは、受けとめてくれる人が1人いるかどうかです。

大ぜいいる必要は、まったくありません。

どんなに友達が大ぜいいても、受けとめてくれなければ壊れます。

すべての人が壊れる可能性を持っています。

優秀かどうか、一生懸命かどうかは、まったく関係ないのです。

「人間は、遺伝と環境のどちらで決まるのか」という問題があります。

遺伝と環境の関係は、図書館にある本と、それをあける人にたとえられます。

遺伝子は図書館にある本です。

しかも、国会図書館です。

膨大《ぼうだい》な量の本があります。

でも、それをあける人がいなければ、ないのと同じです。

誰かがその本をあけた時に、初めて「こんな本がある」と気づくのです。

「環境」というと、空間を想像します。

そうではありません。

環境の定義は、「誰と会ったか」ということです。

誰と出会っているかで、その人が膨大に持っている遺伝子の才能が外に出てくるかどうかが決まります。

感情をコントロールする工夫

16 受けとめてくれる人を、1人持とう。

恋愛においても、まずは受けとめてくれる人を1人持つことです。

大ぜいの恋人がいても、受けとめてくれなければ意味がありません。

どんなにヘンなことをしていても、それをよしとしてくれる人が1人いたら、その人はモテモテになります。

その中で自己肯定感が生まれて、「自分は間違っていない」と思えるからです。

人間は、受けとめてくれる人が誰もいなくなった時に壊れるのです。

第3章

怒りの感情は、長く続かない。

「怒りが、おさまらない。」

17 怒りを、悔しさに変えて、工夫に変える。

怒りがおさまらない時は、チャンスです。

電力事情の厳しい今の時代において、怒りのエネルギーでクーラーがついたり、お風呂が沸いたらすばらしいです。

怒りをそのまま放電していたら、もったいないのです。

朝の満員電車に乗ると、怒っている人だらけです。

怒りのエネルギーをうまく生かせれば、電車も走るのです。

電車や飛行機の中は怒っている人だらけです。

1つの航空会社で、1日400便飛んでいる中で200回のケンカがあります。

2機に1機の割合です。

しかも、けっこうな大ゲンカです。

お客様同士に原因があるのなら、解決できます。

そうではなく、飛行機に乗る前にムッとしたことがあって、そこでこらえたまじめな人同士が機内でケンカを始めるのです。

相手がひじかけの真ん中を超えて、ひじが当たります。

それを押し返したところからケンカが始まります。

ケンカのエネルギーで飛行機が飛ばせれば、サーチャージも何もいらないのです。

ムッとして腹が立ったら、それを「悔しい」に変えます。

「腹が立つ」と「悔しい」とは違います。

「腹が立つ」は、どうしていいかわからない状態です。

怒りのエネルギーをどこへ持っていけばいいか、わからないのです。

感情をコントロールする工夫

17

怒りを、エネルギーにしよう。

「悔しい」は、このままでは終わりたくないということです。

その人は、次に工夫を思いつきます。

人間は、工夫している間、怒りは消えています。

怒りながら工夫している人は、いないのです。

工夫を始めた瞬間、人は工夫に集中します。

せっかく怒ったら、そのエネルギーをムダにしないために、それを悔しさに変えて、さらに工夫に変えます。

そのことによって、前に進めるのです。

「怒りを、断ち切りたい。」

18 工夫を始めた瞬間に、怒りは消える。

ヴァージン・アトランティック航空を創業したリチャード・ブランソンが、ヴァージン・レコードという音楽会社を経営していたころの話です。

飛行機の予約をとるために飛行機会社に電話をかけると、対応があまりにもひどいのです。

ここでリチャード・ブランソンはキレました。

普通はクレームになります。

ブランソンさんのすごいところは、ノウハウも何もないのに、「それなら自分で航空会社をつくろう。こんなひどいサービスで成り立っているのなら、自分がやっても勝てる」と考えたことです。

やり方がわからないので航空会社の社長さんに聞こうとしても、知り合いはいません。

そこで、飛行機メーカーのボーイング社に電話して「すみません、飛行機を売ってください」と言ったのです。

当然、「あなた誰？」という話になります。

「悪いことは言わないから、航空会社の人に聞いたほうがいいですよ」と諭《さと》されました。

普通は、ここでいなされたら諦《あきら》めます。

または、「いい加減に扱われた」と、クレームを訴える方向に行きます。

リチャード・ブランソンは、「それはそうだな」と思って、航空会社を調べて電話をかけました。

代表番号にかけて「社長とつないでください」と言っても、つないでくれません。そこで、電話帳で社長の自宅を調べて、似た名前のところにすべて電話をかけていきました。

「すみませんが、○○航空の社長の△△さんですか」

「違います」

「そうですか。失礼しました」

と、1つ1つ消していきます。

そうこうしているうちに、社長の家に当たりました。

「すみません、飛行機会社をつくろうと思うんですけど、飛行機メーカーの人から聞いてこいと言われたので、ちょっと教えてもらえませんか」と言うと、面白い人だということで会ってくれたのです。

この間に完全に怒りは消えています。

怒りは電話帳を塗りつぶしていく作業に変わっています。

何もしないでいると、怒りは継続します。

作業を始めた瞬間、その作業に集中するのです。

戦争中に折った慰問《いもん》の千羽鶴も、鶴を折ることに気持ちが集中して、「もっと鼻がとんがるように折りたい」という思いに変わっていきます。

鶴を折っている間は、戦争のつらさを忘れられるのです。

感情をコントロールする工夫

18

作業を始めよう。

「悲しい。」

19 「悲しい」ではない。「悲しい役を演じている」と思えばいい。

役者は、悲しい役ができます。

単純にいい役よりも、悲しい役のほうがおいしいのです。

できれば最後は死んでしまう役のほうがヒーローっぽいです。

みんなそういう役をやりたがります。

現実社会や仕事においても、自分が悲しくなった時に、「なかなかいい役だ」ととらえればいいのです。

「仕事をしている自分」と「本当の自分」とは別人格です。

職場では、サラリーマンならサラリーマン、ＯＬならＯＬという役を演じているのです。

「役」と割り切れば、「思いっきり悲しい役を演じてみよう」と思えるのです。

キャバクラの女性がイヤなオヤジにサービスできるのは、キャバ嬢の役を演じているからです。

源氏名を名乗り、制服のキャバドレスを着ると、別人格になります。

ふだんの自分の人格には、なんら影響はありません。

お客様に怒られた時に、「ふだんの自分が怒られている」と思うと、へこみます。

「サービスマンの自分が怒られている」と思うと、「ここでニッコリ笑って対応できたら、カッコよくない？」と思える余裕ができるのです。

感情をコントロールする工夫

19

役を演じよう。

「『みんな言ってるよ』と言われた。」

20 「みんな怒ってる」の「みんな」は存在しない。

相手をビビらすために、「僕だけじゃないよ。みんな言ってるよ」と言う人がいます。

その言葉に負けてはいけないのです。

「みんな」を出してくる時は、向こうはほかに手がないということです。

「具体的にどの方がおっしゃっているか、名前を教えてください」と言うと、出てこないのです。

「みんなって、たとえば誰？」と言うと、ケンカ腰になります。

「みんな言ってるよ」と言われたら、「わかりました。直接ご説明したいので、お名前を教えてください」と言えばいいのです。

感情をコントロールする工夫

20

「直接ご説明しますので、お名前を教えてください」と言おう。

「相手に対して、ムッとする。」

21 怒りは、続かない。間をあければいい。

怒りの感情には特徴があります。
突然爆発するので、時間の持続力がないのです。
1週間、怒り続けることは不可能です。
どんなに怒りを持続させようとしても、疲れてしまうのです。
怒りは瞬発力です。
自分の怒りをおさめるには、間をあければいいのです。

私は、ムッとした時にガクンと眠くなります。

脳の中で自動制御《せいぎょ》装置が働くのです。

タクシーの中で、一緒に乗っている人のひと言に「その言い方はないだろう」と、ムッとすることがあります。

タクシーの中は逃げ場がないので、つらいです。

その時に、ヒューンと効果音が聞こえて、自動制御装置が働きます。

たった5分間寝るだけで、状況は変わらなくても、目がさめたら怒りが消えているのです。

これは私だけではありません。

すべての人が怒りは持続しないのです。

怒っている人は怒りを忘れます。

だから、相手が怒っていても気にしなくていいのです。

怒られている側がつらいのは、「怒られているな」という気持ちが持続して、「このまま嫌われたらどうしよう」と、クヨクヨするからです。

人間の最大のストレスは、「ダメなヤツ」と思われること、そして、切り捨てられることです。

人間関係の悩みは、すべてこの2つに集約されます。

左遷《させん》されたら人間関係が変わるので、むしろラッキーです。

左遷よりも、職場で切り捨てられることのほうが、もっとつらいのです。

感情をコントロールする工夫

21

ムッとしたら、間をあけよう。

「相手の悪いところは、見ないけど。」

22 「いいことしか見ない」というのは、自己肯定感ではない。

相手のいいところしか見ない人は、自分に対してもいいところしか見ていません。

これは怖いです。

いいところだけ見て信じている人は、デートの待ちあわせに遅れると、「どういうこと？　信じていたのに」と激怒するのです。

「私は自己肯定感が高いから、いいことしか見ない」と言うのは、言葉が間違っています。

相手の悪いところを見ても好きでいられることが、自己肯定感の高さです。

いいところしか見ない人は、悪いところをカットしています。

「悪いところも込みで好き」というのが、本当の「好き」です。

相手に対しても、自分に対しても、いいところしか見ない人は自己肯定感が低いのです。

自己肯定感の高い人は、自分の悪いところもイヤなところも好きです。

そういう人が、人ともうまくつきあえます。

人とのつきあい方は、自分とのつきあい方とまったく同じです。

短所・欠点・弱点をすべて認められることで、ストレスがなくなるのです。

感情をコントロールする工夫

22

「悪いこと」も、認めよう。

「私のせいじゃないのに。」

23 全部自分のせいにしない。

デートで秘湯温泉の旅館を予約しました。
駅から大分離れたところです。
行くと、予約が通っていないのです。
秘湯なので、切りかえはききません。
この時に、男性は激怒します。
部屋はいっぱいで泊まれません。

連れて行った彼女にも「ダンドリが悪い男」と思われます。

彼女の手前、自分のメンツを保つために、「部屋がないのはわかりました。ただし、責任はあなたのところにあるということだけを認めてほしい」と言い張ります。

「責任がどちらなのかだけを彼女の前ではっきりさせてほしい」という裁判になるのです。


人間関係の悪い人は、とにかく「相手のせい」か「自分のせい」にします。


子どものケンカはこれです。

「おまえのせい」という時は、100%相手の責任になります。

この時、相手が間違えたのかもしれないのに、「ゴメン、僕が電話を間違えた」と言えたらカッコいいです。

彼女の中で、「この人、素敵。器が大きい」と思われます。

「僕は間違っていない。あなたでは話がわからない。この責任、どうやってとってくれるの」とグリグリ言う人はカッコ悪いです。

責任は、どうでもいいのです。

相手が悪いのでもなく、自分が悪いのでもありません。
半々と言えば、半々です。
「はい、わかりました。私が全部悪いんですね」と言うのも、イヤな感じです。
「○○のせい」というところへ持っていかないことが大切なのです。

感情をコントロールする工夫

23

全部、相手のせいにもしない。

「怒られた。」

24 怒る側は、怒られる側より、ストレスがたまる。

人間は怒ると、ストレスがたまります。
怒られるのは、もちろんイヤです。
でも、怒る側は、怒られる側よりもしんどい思いをしています。
怒ると、脳がヘトヘトに疲れて、次の改善策も工夫も浮かばなくなります。
エネルギーのムダづかいになるのです。
人間関係で疲れないようにするには、怒る側より怒られる側にまわることです。

怒られる側には「この人、なんでこんなに怒っているんだ」と冷静に考える余裕があります。

怒っている側は、「よくここまで怒れるな」と見られていることに気づく余裕もありません。

脳の余力がなくなってているのです。

ゲームでいうと、エネルギー表示がピューンとエンプティーに近づいています。

怒られる側は、そこまで減っていません。

怒られる側が唯一へこむのは、切り捨てられるんじゃないかという不安に駆《か》られた時です。

この不安が、エネルギーを吸い取ります。

怒っている人を第三者として見るのは楽しいものです。

一番多いのは、食べ物屋さんで順番を抜かされた時です。

「カレー屋で順番を抜かされたぐらいで、よくここまで怒れるな」という人の怒りの最も大きな原因は空腹です。

原始時代の名残《なごり》で、死ぬかもしれないという恐怖感から、先制攻撃を加えているのです。

怒りは不安から生まれます。

怒る人は不安で、ビビッているのです。

敵に脅威を感じて、「怒る」という先制攻撃を仕掛けているのです。

小型犬がキャンキャン鳴くのと同じです。

大型犬はキャンキャン鳴きません。

怒っている人がいたら、「この人は何をビビっているんだろう」と冷静に見ればいいのです。

感情をコントロールする工夫

24 怒る側より怒られる側になろう。

第4章

人に悪口を言わない人は、言われても平気になる。

「いい人だと、思ったのに。」

25 「裏切られた」が、自己肯定感を下げる。

「裏切られた」と言うのは、「裏切られたダメな自分」と言っているのと同じで、自己肯定感を下げる表現・解釈です。

まず、「裏切られた」は禁句にします。

「信じられない」「いい人だと思ったのに」という言葉も、自己肯定感を下げます。

お弟子さんが離れても、「また1人卒業生を生んだ。成功すればいいなと思う自分は器が大きいな」と思うことで、自己肯定感が上がります。

フラレて、「飼い犬に手を咬《か》まれた」と言うのも自己肯定感を下げています。「彼女は僕を踏み台にして成長していった。僕が彼女を育てたんだ」と考えればいいのです。

感情をコントロールする工夫

25 期待しすぎを、捨てよう。

「いじめられた。」

26 不幸な人が、幸福な人をいじめる。

イジメは社会でも学校でも起こります。

社会でのイジメは、不幸な人が幸福な人をターゲットにします。

悪口が下から上に向かって言われるのと同じ理屈です。

いじめる人より、いじめられている自分のほうが幸福なのです。

これに気づけば、ちょっとうれしいぐらいの気持ちになれます。

幸福な人からいじめられると解釈すると、自分は不幸な人という勘違いが起きます。

意地悪な人を見たら、「いままで不幸な人生を歩んできたんだな。気の毒に」と思えばいいのです。

幸福な人には、いじめるという発想がありません。

幸福な人が不幸な人をいじめることはないのです。

幸福そうに見えても幸福ではない人が、いじめているのです。

こうしてゴシップは成り立っています。

庶民がセレブをいじめます。

セレブが庶民をいじめる必要は何もありません。

幸せな人は、寄附はしても、イジメはしないものなのです。

感情をコントロールする工夫

26

意地悪な人は「これまで不幸だった人」と考えてあげよう。

「悪口を、言いふらされた。」

27 悪口を言う人は、ほめる人の10倍いる。

悪口を言う人は、ほめる人の10倍しかいないのです。
悪口を言う人が10人いたら、ほめる人が1人います。
悪口を言う人には、なんの影響力もありません。
悪口で電気はつかないし、おなかも膨《ふく》らみません。
悪口は受け手のとらえ方次第で、ビクつくことはないのです。
悪口は、受け手が反応することで影響力が生まれます。

悪口自体は、風力発電もできないし、お金にもなりません。

悪口を言われてマイナスになることは何もないのです。

ほめることには、影響力があります。

チャンスも生まれます。

悪口を言う人が10人いて、ほめる人が1人いたら、悪口を言う人を100人に増やせばいいのです。

ほめる人は10人に増えます。

ベストセラーも、こうして生まれます。

賛否両論あるものが一番売れるのです。

人間関係のいい人は、トラブルを歓迎します。

世間の関心が集まるからです。

私の高校の先輩の川淵三郎キャプテンが、バスケットの応援にまわりました。

バスケットは、日本国内でリーグが2つに割れて、国際試合への参加が禁止になりました。

どんなに強くても世界で試合できないという最悪の事態です。

川淵キャプテンは、リーグを統一して、国際試合の参加禁止令を解除しました。国際試合出場禁止になった時、川淵キャプテンは「おかげでみんながバスケットに注目する。リーグも統一できる」と言いました。

これが人間関係の強い人です。

「せんとくん」をつくった藪内佐斗司《やぶうちさとし》さんは、東京藝術大学大学院の教授です。

せんとくんは、非難ごうごうだったのに、誰もが知っています。

キャラクターは認知度が決め手です。

神宮外苑では、秋のイチョウ祭りの時期に、日本中のキャラクターの人気コンテストがあります。

私も見に行きました。

「今日は、なんと人気ランキング97位の◯◯が、わざわざ駆《か》けつけてくれました」というアナウンスに、私は「97位って、すごいの？」とツッコミました。

全国には２０００からのキャラクターがいることを知らなかったのです。

2000種の中の100位以内に入るのは並大抵のことではありません。

着ぐるみを1つつくると100万円かかります。

それが2000もいるのです。

そんな中で、せんとくんとふなっしーは、知らない人はいないくらいの知名度の高さを誇っています。

評価に賛否両論が出るというのは大切なことなのです。

賛否の否にビクつかないことです。

否が出るから賛が出るのです。

感情をコントロールする工夫

27 悪口が増えれば、ほめ言葉も増えると考えよう。

「私のせいにされた。」

28 誰も「悪い」と言ってないよ。

「私は悪くない」という発言の不思議なところは、誰も「あなたが悪い」と思っていないことです。

みんなが「あなたが悪い」「あなたに責任がある」と言っているという先走りがあるのです。

これで組織の中から浮いてしまいます。

そういう人は、「いや、悪いのはあの人です」と、ババ抜きのジョーカーをまわしていくようなことをしてしまいます。
クレーム対応で「私は悪くない」と言われても、お客様は納得しません。
チーズバーガーを頼んだのに、ハンバーガーが入っていたのです。
悪いとか悪くないとかは、どうでもいい話です。
お客様は、単にチーズバーガーが食べたかっただけです。
「早速お取りかえします」と言えばすむことです。
誰がいいとか悪いとか言う人は、正しいか間違っているかの基準で生きています。
そういう人は人間関係がしんどくなります。
人間に「正しい」「間違っている」はないのです。
それは神様の領域です。
神様の領域の問題は、神様に決めてもらえばいいのです。
それができれば、行き詰まらずにすみます。
壊れないし、ストレスもたまらないのです。
日本人は多神教です。

多神教は、あらゆることを神様のせいにできます。
一神教はつらいのです。
「どの神様」という話になります。
ここが日本人の強さです。
日本人にとっては、森羅万象《しんらばんしょう》が神様です。
ミミズにもミミズの神様がいます。
あそこが腫《は》れた時に、誰のせいでもなく、ミミズの神様のせいにできるのです。

感情をコントロールする工夫

28

悪く思われているという幻想を捨てよう。

「悪口を、言われた。」

29 あなたより上の人は、あなたの悪口を言わない。

悪口には法則があります。
上から下には言わないのです。
悪口は、常に下から上に向かいます。
だから、安心です。
下から悪口を言われても、別になんとも思いません。
つらいのは、上の人に「ダメなヤツだ」と思われて、切り捨てられることです。

下に切り捨てられても、何も問題はないのです。

どんなに下から悪口を言われても、チャンスがなくなることはありません。

自分が悪口を言う時も、それは下から上に向かって言っています。

そうすることで、みずからチャンスをつぶしてしまうのです。

感情をコントロールする工夫

29

悪口を言われたら、成長を喜ぼう。

「嫌いと、言われた。」

30 悪口を言った人は、軽い気持ちで言っている。

相手が遠くても近くても、悪口を言われれば誰でもショックです。

悪口は、聞いた人にはショックでも、言った人は「そんなこと言ったっけ」というくらいの軽い気持ちで、覚えてもいません。

売り言葉に買い言葉、その場の盛り上げ、リップサービス、冗談で言っているにすぎないのです。


人間関係の悪い人は、冗談が通じません。

文字どおり受けとります。

犬と子どもには冗談が通じないのです。

犬にとって人間は神様のような絶対的存在です。

遊ぶのは好きでも、冗談は通じません。

高度な知性を持っている人間は、冗談が冗談とわかります。

「あんたなんか嫌い」は、好きな人に言う言葉です。

本当に嫌いな人には言いません。

勘違いされるからです。

「大嫌い」は好きな人にしか言わない大切な言葉です。

「嫌い」と言われて、「わかりました。もう二度と連絡しません」と言う人は、「バカじゃないの」と笑われます。

「バカじゃないの」も愛のある言葉です。

「いいね」よりかなり上の、最高級クラスのアイラブユーです。

お龍《りょう》さんが龍馬《りょうま》に言っているような感じがします。

「そういうところが好き」というニュアンスが入っています。
「バカじゃないの」と言われてシュンとなっていたら、坂本龍馬ではありません。
大阪弁の「アホちゃうか」も、最高ランクの「アイラブユー」です。
大阪でフェイスブックがあったら、「アホちゃうか」マークです。
悪口は、言った人からは消えて、聞いた人にだけ残ります。
面と向かって言っても、次の日には「そんなこと言ってない」となる言葉です。
言われた側も気にしなくていいのです。
言葉を文字どおり受けとることはありません。
愛があるから出てくる悪口もあるし、厳しい言葉もあります。
そこで切り捨てられたとオール・オア・ナッシングで考えないことが大切なのです。

感情をコントロールする工夫

30 悪口を言った人は、忘れていると考えよう。

「信じていた人に、だまされた。」

31 「だまされた」は、相手に100%を、求めていたからだ。

信じていた人にだまされた時に、女子高生なら「絶交」と言って終わりです。
職場ではそれができないので、よけいつらいのです。
「だまされた」と言う人は、人間に100%を求めています。
98%でも不満です。
98%はすごいことなのに、「信じられない」と言うのです。

「3万円貸して」

「2万5000円しかないから、ゴメン」

「最初は全部出してくれましたのに、3万円貸してくれなかった。裏切られた」

ということになるのです。


100%の人間はいません。


そう思えば、「だまされた」はないのです。

自分が勝手に相手に100%を求めていただけです。

そういう人は、自分自身も相手の期待に100%こたえようとします。

誘われたら、すべて「OK」と言わなければいけないと思いこんで、「3回に1回は断る」ということができなくなるのです。

かといって、習い事や勉強をしていると、毎回毎回、お食事会につきあうわけにもいきません。

これが自分を追い詰めます。

「友達の誘いを断る自分は、イヤなヤツなんじゃないか」と悩むのです。

まわりの人は、そんなことは何も思っていません。
まわりの人がどう思うかという問題ではありません。
自分自身が「自分はイヤなヤツ」と決めつけているだけなのです。

感情をコントロールする工夫

31

相手にも自分にも１００％を求めない。

「プライドが、傷ついた。」

32 何があっても傷つかないのが、プライド。傷つくのは、見栄。

傷つかないのが、プライドです。
「プライドが傷ついた」というのは、言葉が間違っています。
その矛盾《むじゅん》に、本人は気づいていません。
「プライド」と「見栄」の区別がついていないのです。
見栄は、繊細《せんさい》です。自分をよく見せようとすると、簡単に傷つきます。
どんな仕打ちを受けても傷つかないのが、プライドです。

感情をコントロールする工夫

32 傷つかないプライドを持とう。

「プライド」の定義を間違っている人が多いのです。

なんでも許せるのがプライドです。

「こんな仕事はプライドが許さない」「お客様に頭を下げるのはプライドが許さない」と言うのは、プライドではないのです。

ドラマ『半沢直樹』で、最後は「土下座《どげざ》」というテーマになりました。あれは武家社会の話で、「土下座するぐらいなら、切腹《せっぷく》させてくれ」という世界です。

関西人は、発想が違います。

「土下座ですむなら最初からすればいいのに。意味わかんない」と思っています。

それでプライドは何も傷つきません。

「私は傷つきやすい」と言う人は、プライドのない人です。

プライドがあれば、傷つかないのです。

第5章

原因を自分に見つけると、人に振りまわされない。

「相手に、振りまわされる。」

33 進捗《しんちょく》状況を、こまめに報告することで、振りまわされなくなる。

1人で仕事をしている人はいません。

仕事はチームでするものです。

相手は取引先のこともあるし、お客様のこともあるし、上司のこともあります。

よくある悩みごとは、「相手が急に言うことを変えてきて、振りまわされる。まわりに振りまわされている私って、いったい何なんですか」ということです。

振りまわされない方法は簡単です。

中間報告すればいいのです。

たとえば、「○○の資料を探して来て」と言われます。

資料は1方向ではなく、A・B・Cの3方向ぐらい思いつきます。

3方向すべて調べていくと、「BとCはいらない」と言われます。

ここでガッカリします。

途中で「A・B・Cの3方向で資料を集めます」と言っておけば、「BとCはいらないから、Aだけ詳《くわ》しく探してみて」と言われます。

これでムダなことはしなくてすむのです。

タイミングの問題もあります。

中間報告の苦手な人は、仕事が9割すんだところで中間報告をします。

9割は、ほとんど終わっています。

でも、その人にとっては中間です。

不器用な人は、ここで損しています。

または、「中間」ということで、5割で報告します。

人間関係の悪い人は、言葉どおり受けとるのです。

人間関係のいい人は、2割・5割・8割の段階で中間報告を入れます。

人間関係の悪い人は、「中間報告が3回」というのが、まず浮かんでいません。

1回報告したら終わりです。

報告は、すればするほどいらないものが見えてきます。

ひょっとしたら、2割の段階で「AからCまで全部違う。Dでいって」と言われることもあります。

「振りまわされている」と言う人は、中間報告を怠《おこた》っているだけなのです。

感情をコントロールする工夫

33

2割・5割・8割で報告しよう。

「最後になって、平気で変更する。」

34 自分の8割は、お客様にはまだ2割だ。

2割・5割・8割で中間報告するには、10割がどこなのかが見えている必要があります。

頼んだほうは、見てみないとわからないのです。

この時に、ふてくされてしまう人がいます。客商売なら、アウトです。

たとえば、ウェディングドレスを選ぶ時に、8割のところで「やっぱり最初のにします」と言う花嫁さんがよくいます。

ここで振りまわされないためにするには、「自分の8割は、お客様の2割」と思っておけばいいのです。

「やっぱり」は怖い言葉です。

「やっぱり」のあとは、必ず変更になります。

お客様からは、100%、「やっぱり」が出てきます。

プロは「大体こうなる」という予測がつきます。

お客様はシロウトなので、でき上がってみないとイメージが浮かびません。

スケジュールから割った8割は、お客様の気分では2割です。

式の前日になっても「やっぱり」と言う人がいるのです。

気分は時間に対して柔軟性があります。

「明日だから、まだなんとかなる」と思っているのです。

振りまわされた感をなくすには、お客様の言う「何割」に合わせていけばいいのです。

場数を経験することで、たいていのお客様は8割の段階で「やっぱり」と変更するということがわかります。

プロは8割の段階で全力をかけないで、エネルギーを残しています。

一生懸命やりすぎるタイプは、ここで続かなくなります。

真剣に8割やってきたのに、それがムダになることに耐えられないのです。

10の経験をした人は、「これはきわめてレアなケースだ。とんでもない事態が起こった」と考えます。

100の経験をした人は、「こういうのはよくあるんだよね」と思えます。

これが経験を積むことの強さです。

経験を積むと、成功率が上がるだけではありません。

想定外のことが起こっても、多くの経験の中で比率的に薄まるので、衝撃が小さくなるのです。

感情をコントロールする工夫

34

8割進んだ時の変更にも、エネルギーを残しておこう。

「メールの返事が、来ない。」

35 メールの返事が遅くても、相手が困っているわけではない。

パソコンも調子の悪くなることがあります。

「ごはんを食べに行きましょう」という連絡に返事がなかなか来ないと、「相手にヘンなことを言っちゃった。嫌われたかな」と悩みます。

情報化社会にパソコンのフリーズはつきものです。

パソコンのフリーズを知らないと、情報化社会の落とし穴にハマります。

パソコンは、叩いて直る機械ではありません。

原因不明のフリーズでメンテナンスに連絡しても、原因不明のうちに直ることがあります。

メールの返事が遅いからといって、あたふたすることはないのです。

相手のパソコンがフリーズしていただけなのです。

たまにはパソコンもフリーズさせてあげようと寛大になることです。

人間関係の悪い人は、スマホでいつもすぐ返事をくれる人がなかなか返事をくれないと、「私のことを嫌いになったに違いない」と悩みます。

相手はスマホを家に置き忘れただけです。

よく使うものだからこそ、置き忘れたり、水没させることがよく起こるのです。

感情をコントロールする工夫

35 メールの返事の遅いことを、心配しない。

「いつも来てくれる人が、来てくれない。」

36 来てもらうのに理由があり、来ないことに理由はない。

相手は人のために生きているわけではないのです。

相手にも仕事があります。

スケジュールが真っ白で、お食事会のお誘いが来るのをひたすら待っているのでもなければ、そのために生まれてきたのでもないのです。

嫌っているわけではないから、来てくれることもあるのに、来なかった時にお詫《わ》びのメールを届けます。

感情をコントロールする工夫

36

「来てくれたこと」に感謝しよう。

「今回いらっしゃらなかったのは、私どもに何かそそうのあったことが原因でしたら、お詫びします」という対応をされると、相手は接しにくくなります。

相手は、行けば楽しいという理由があるから来るのです。

来ないことに理由はないのです。

普通は来ません。来ないのが普通なのに、「なんで」と言っているのです。

「ゴメン。怒らせた？　何か気分を害することをした？」と言う人は、とりあえず謝《あやま》っています。

とりあえず謝っておくという対応は、来ないことが異常で、来てもらうことが当たり前になっています。

相手は、来ることに理由があるのです。

ふだん来てもらっていることへの感謝の気持ちが大切なのです。

「裏切られた。」

37 相手は、自分のために生きているわけではない。

資格をとったら稼げると思って習い事を始める人は、稼げないとわかると、別の習い事を始めます。

そういう生徒が離れていったからといってショックを受けることはありません。

この資格をとると稼げると思ったから、先生のところに来たのです。

稼げるという期待を持たせていたのです。

原因は自分にあります。

稼げると思って来た人は、もっと稼げるものに出ていきます。

お店を始めた人が、「インターネットでサイトをつくると、お客様が来る」というウエブ会社の言われるがままにしたら、たしかに一瞬お客様は来ました。

でも、リピートしません。

ウエブで探しまわって入ってきた人は、ウエブで出ていきます。

「安いから」で来た人は、もっと安いところへ行きます。

「儲《もう》かるから」で来た人は、もっと儲かるところへ出ていきます。

原因は自分がつくっているのに、「ショック」「裏切られた」と言うのは間違っています。

生徒は永遠に習い事を続けるわけではありません。

生徒離れができなくて、卒業させない習い事の先生は、人間不信に陥ります。

「なぜ恩師に砂をかけるように出ていく」と嘆《なげ》く先生は、生徒が自分のために生きているという間違った解釈をしています。

生徒は、自分の人生に役立てるために、つかの間、習いに来ているのです。

習うことは手段であって、目的ではないのです。
人生をより豊かに全《まっと》うするために、習い事に来ているのです。

感情をコントロールする工夫

37

相手にも、生活があることを知ろう。

38 仕事に没頭できる人は、人間関係の悩みが、半分になる。

「仕事は好きだけど、人間関係がしんどい。」

人間関係の悪い人は、人間関係がうまくいっていれば超ゴキゲン、うまくいかないと「終わったよ」になります。

うまくいっているかいないかの判断の軸が人間関係だけになっているのです。

仕事には、うまくいっていることと、いかないことの軸があります。

仕事でうまくいかないという悩みがあると、人間関係の悩みが半分に減ります。

仕事のことが気になって、人間関係でうまくいかないことを考える余地がなくなるのです。

人間関係でアップダウンする人は、人間関係株式会社1社の株しか買っていないのと同じです。

株は「卵を1つのかごに入れるな」で、安全のためにいくつか買っておくものなのです。

仕事の悩みを抱えると、頭の中は人間関係に悩んでいるどころではなくなります。

「フットサルのリーグでチームの負けが込んでいる」という趣味の世界の悩みが出てくれば、人間関係の悩みはまた減ります。

勉強していれば、「検定試験に落ちた。これをなんとかしなければ」という悩みも生まれます。

うまくいくからリスクと相殺《そうさい》するというのが、株のポートフォリオです。

悩みごとは、その人がかかわるものが多ければ多いほど、比重が減ります。

子どもがお母さんとうまくいかないのは、教育がお母さん1人に集中しているからです。

昔は、お父さんも子どもの教育にかかわっていました。

学校の先生、近所の人、おじいちゃん・おばあちゃんもかかわっていました。

お母さんの気分で左右されることはなかったのです。

お母さんだけが教育を担《にな》っていると、お母さんの気分の波が、ダイレクトに子どもに反映します。

これが人間関係で大きくアップダウンする原因です。

仕事・趣味・勉強と、その人のかかわる軸をたくさん持てば持つほど、人間関係の悩みの比率を小さくしていけるのです。

感情をコントロールする工夫

38 趣味も勉強も持って、人間関係の比率を小さくしよう。

「人間関係の問題で、会社を辞めたい。」

39 縁が1つだけだと、苦しくなる。

仕事がうまくいかなくて会社を辞める人はいません。
仕事は好きだけど、会社の中の人間関係がうまくいかなくて、辞めたくなるのです。
こういう人は、人とのかかわりが仕事縁だけになっています。
仕事縁でうまくいっている時は最高、うまくいかない時は最低です。
ゼロから100までの幅で振り切れています。
この人に釣りの趣味があれば、釣り友達の縁でうまくいっている時と、いっていない時ができます。

近所づきあいも、うまくいっている時と、いっていない時があります。

家族・学校・恋愛・仕事、すべての縁の人たちと、うまくいっている時、いっていない時ができると、会社の人間関係の比率が小さくなって、緩和《かんわ》されるのです。

人間関係の種類が減ると、いい時はいい、悪い時は悪いになります。

どんなにたくさん友達をつくっても、1つの縁だけに頼っていると、いい時は舞い上がり、直後に大炎上が起こります。

1種類の縁では、その中にどんなに大ぜいいても、アップダウンは激しくなります。

このアップダウンをできるだけなだらかにするには、縁をたくさん持っておくことが大切なのです。

感情をコントロールする工夫

39 違う種類の縁をたくさん持とう。

「絆《きずな》が、ほしい。」

40 許すことで、絆が生まれる。

絆は、仲よくしていれば生まれるというものではありません。

いくら「絆を結びましょう」と言っても絆は結べません。

しくじったり、不義理をした相手を許して初めて、許した人と許された人との間に絆が生まれるのです。

「1回許したのに」と言ったら終わりです。

回数無限で許すのです。

「スリー・ストライク、アウトです」は「許した」に入りません。
何度でも許すのです。
これは許す側の修行です。
許される側にも修行です。
何度でも許されるのだから何をやってもいいというわけではありません。
それでは、せっかくのチャンスを放棄《ほうき》することになるのです。

感情をコントロールする工夫

40

何度でも、許そう。

第6章

自分軸を持つ人は、ウワサに翻弄されない。

「まわりがみんな、敵に感じる。」

41 共通の敵による結びつきは、長続きしない。

100人中1人でも敵がいると、ショックを感じます。

2人いると「ほとんどが敵」、3人いると「全員が敵」と感じるのです。

これが人間の「印象の拡大」です。

「部分の全体化」が起こるのです。

外交関係では、敵同士が友達になることもあります。

実際は、そういう関係は長続きしないのが鉄則です。

感情をコントロールする工夫

41

「全員が敵」は、続かないと考えよう。

敵が多いと、敵同士でもめごとが起きます。

だから、ビクビクする必要はありません。

まわりが全員ひと固まりの敵のように見えても、「これは続かない」と思っていればいいのです。

「『自己チューだね』と言われた。」

42 「軸がある人」と、「自己チュー」の違いは、相手を認めるかどうか。

「軸がある人」と「自己チュー」は違います。

「軸がある人」は、「私はこれに行く」「行かない」が決まっています。

「お祝いだけ届けて、結婚式は行かない」という時点では、自己チューか、軸がある人かはわかりません。

「お葬式には行かない」という人に「ダメ。お葬式は行かなくちゃ」と言うのが、自己チューです。

「結婚式に行かない」「お葬式に行かない」という軸を置いて、相手の価値観を認めてあげることが大切です。

自分は結婚式には行かないけど、お葬式には行くということは、自分の中で通していればいいのです。

「お葬式は行かないとダメ」と言うのは、相手の価値観を認めていません。

自分だけが正しくて、相手は間違っているということになります。

自分は正しいけど相手も正しい、自分は間違っているけど相手も間違っていると考えることです。

世の中には、○も×もありません。

みんな△です。

△の中で、どの△が好きかを選んでいるのです。

小学校で「左の4つの文章の中から正しいものを1つ選びなさい」という時は、○が1つで×が3つです。

現実社会でそんなことはありません。

現実社会にも自然界にも、〇や×はないのです。

ハイエナはいい動物か悪い動物かということはないのです。

人間関係はピラミッド型にはなりません。

人間関係の悪い人は、社会の構造をピラミッドに見ています。

昔の生態学は、食物連鎖《れんさ》をピラミッドであらわしていました。

下の層が、その上の層に食べられて、その層は、またその上の層に食べられるという図です。

いまは食物関係といって、もっと複雑です。

ある層が抜けると、全然関係のない離れた層に不具合が生じます。

一本のつながりになっていないのです。

あちこちでつながりあって、かけ離れたところに影響を与えています。

これがいまの生態系の相関図です。

人間関係も、生態系の相関と同じです。

わがままに生きて、しんどくならないようにするには、相手を認めてあげることです。

相手を認められると、人にも自分にも寛大になります。

自分には寛大で、相手に厳しくしていると、自分が行き詰まります。

相手に厳しくて、自分に厳しいのも行き詰まります。

自分の厳しさを相手に求めてはいけないのです。

感情をコントロールする工夫

42

相手を認めて、わがままになろう。

「苦手なことが多くて、しんどい。」

43 苦手なところを見せると、ラクになる。

自分の長所だけを見せようとする人は、しんどくなります。

常にその長所をキープしなければならないからです。

自分の苦手なこと、弱いところ・短所・欠点を見せることができたら、これほどラクなことはありません。

そこから下がることはないのです。

まわりからも「短所、欠点があるにもかかわらず、頑張っている」と思われます。

「常に完璧な自分にならなければ」という思いこみが、人間関係をしんどくさせるのです。

男性経営者がキャバに行っておバカなことをするのは、それをすることでお互いが仲よしになれるからです。

一部上場企業の経営者といっても、していることは、高校生とたいして変わりません。

年端もいかない女のコたちの言いなりになっています。

そういう弱点を見せることで、男同士の絆が生まれます。

一緒にお風呂に入るのも同じです。

苦手なところを見せられない関係が一番しんどいのです。

すべての人間に、得意なところもあれば、苦手なところもあるのです。

感情をコントロールする工夫

43 苦手なところも、隠さない。

「上司を、好きになれない。」

44 「好きになれない」のではない。「好きなところを探していない」だけだ。

相手の全人格を好きになる必要は、まったくありません。

好きなところを1カ所見つければいいのです。

1%でもいいところがあれば、そこを好きになればいいだけです。

「上司のことが好きになれないんですけど、どうしたらいいですか」と言う人は、上司をどうにかしようとしてはいけません。

「上司を好きになれない自分はダメな人間だ」というところで悩んでいるのです。

イヤな人との人間関係に悩んでいるのではありません。

「イヤな人と感じている自分は最低な人間だ」と、自分を責めているのです。

ある習い事をしている人が、結婚して子どもが生まれました。

育児もあるし、迷惑をかけてはいけないので、尊敬している先生に「しばらくお休みさせてください」と申し出ました。

ところが、「自分のことばかり考えている」と激怒されたのです。

育児だから仕方がないのです。

その人は悩みました。

「自分は恩義のある師匠に迷惑をかけてしまった。迷惑をかけている自分はダメな人間じゃないか」と考えたのです。

これは解釈が間違っています。

まず、師匠が100%の人間だと思うのが間違いです。

相手にも相手の状況があります。

師匠にとっては、育児より習い事のほうが大切なのです。

「習い事よりも育児のほうが大切」と言える人なら、100点です。

100点を求めても、ムリです。

習い事の人生より習い事を優先するのは、道を究《きわ》める人としては100点ですが、人間としては90点です。

尊敬する人が90点だとわかった時に、自分の中でショックを感じます。

「恩師に幻滅《げんめつ》している自分は、恩師を裏切る行為をしているのではないか」と、また自分を責めるのです。

自分も相手も100点でなくていいのです。

どんな人にも、すばらしいところがあります。

上の人間に対しても下の人間に対しても、すばらしいところを1個でも見つければいいのです。

すべて好きになる必要は、まったくありません。

結婚すると、だんなさんへの文句で一番多いのは「優しいけど、稼ぎがない」ということです。

そもそも「優しさ」と「稼ぎ」は両立がむずかしいのです。

「頭がいいけど、体力がない」というのは、運動部に入らないで勉強していたのですから、当たり前です。

いいところが1つあればいいのです。

優柔不断は、優しいということです。

「あの人は、いいところが1つもない」と言うのは、自分が相手のいいところを探していないということなのです。

感情をコントロールする工夫

44

好きなところを、探そう。

「ウソのウワサを、流された。」

45 ウワサより、ナマを信じるから、自分のウワサを気にしない。

情報化社会は、情報の99％がウワサです。
ナマ情報・ナマ体験の比率が低いのです。
情報化社会は、ナマ情報よりも2次情報にあふれています。
私たちは今、情報化社会の中で生きています。
入ってくる情報の大半はナマ体験ではなくて、ウワサです。
ウワサを気にすると、人間関係がギクシャクします。

「あの人が陰で、あなたのことをこんなふうに悪く言っていましたよ。老婆心ながら言っておきます」というご注進を真に受けて、「エッ、あの人を信じていたのに」と言う人は、ウワサを信じています。

ナマでつきあっていても、「いいことを教えてくれて、ありがとう」ということが組織の中ではよく起こります。

自分のしたことを「あの人がヘンなことをしています」と告げ口する人もいます。「それは大変だ」と、ろくに確認もしないで、いい人をクビにして、悪い人を残すことが日常茶飯事《さはんじ》になっているのです。

小さなお店でも、何人か雇えば「ご注進」が来ます。

ほとんどがウソです。

ナマ情報よりウワサを信じる経営者は、ウソを言う人を残して、いい人のクビを切ります。

ウワサ・悪口のインパクトは、それだけ強いのです。

ナマ情報を信じる人は、自分のウワサを立てられると、とたんにへこみます。

ウワサに平気な人は、直接会っている人から嫌われていなければＯＫです。

ウワサでいくら嫌われても平気なのです。

ふだん、ナマ情報とウワサをどれぐらいの比重で判断しているかが、ウワサの対象になった時の強さになります。

政治家は、この強さを持っています。

政治家はウワサに対する免疫力が強いのです。

政治家は、何かとヤリ玉に上がります。

ところが、悪口を書き立てられても平気です。

選挙民とナマで会うからです。

マスコミで悪口が出ると、地元で人気が上がります。

ＴＶは、感じ悪いところを切り取ります。

「ＴＶでは感じ悪いと思ったけど、ナマで会うと超腰が低いね」というギャップに、地元民はたちまちファンになります。

ネットやＴＶでどんなに悪評を書かれても落選しません。

なまじ「いい人情報」が立つほうが怖いのです。
特別な印象はなくても、「会うと、冷たかった」と言われます。
世間のウワサは、できるだけハードルを下げておくことが大切なのです。

感情をコントロールする工夫

45

自分もナマで判断しよう。

「本当の私を、理解してくれない。」

46 世間の印象どおりに生きなくていい。

まわりから見られている自分と本当の自分にはギャップがあります。

一致するほうが、しんどいです。個人情報も何もあったものではありません。

ガラス張りにされるのが、「理解された」ということです。

理解されないということは、まわりから見られている自分と本当の自分が二重構造になっています。

本当の自分がバレないですむのです。

「理解された」ということは、本当の自分がバレたのと同じです。個人情報丸出しで、パンツ1枚で歩いているようなものです。

理解されないことがベストです。

世間の印象と実体はズレているほうがいいのです。

悪く言われても、自分がいい人間だと信じていれば、二重構造になっています。

本当は内向的でも、「あの人は外向的だよね」と言われていれば、使い分けができます。

スーパーマンは、みんなに新聞記者だと思われているから、過ごしやすいのです。

ずっとスーパーマンだったら、ごはんを食べに行った先で起こったもめごとに巻き込まれます。「あなた、スーパーマンのくせに、どうして解決しないの」と言われて、しんどい思いをします。

お金持ちは、ふだんお金持ちに見えません。

お金持ちに見えたら、「お金をいっぱい持っているんだから貸して」と言われます。

お金持ちに見えないから、普通に暮らしていけるのです。

お金持ちに見えたら誘拐されます。

ニューヨークの某宝石店の社長は、家まで歩いて帰ります。顔を外に出していないので、道を歩いていても誘拐される心配はないのです。

パーティーに出てよく顔を出している人にはボディーガードがつきます。ボディーガードがつくと、女性に声もかけられないということです。出会いがなくなります。

自分の本当の印象を隠して、別人格で自由に振る舞うことが隠れ蓑《みの》になっているのです。理解されないことで自由度が得られるのです。

理解されて、自由に生きていると「イメージと違う」と言われます。

第三者のイメージに従う義務などないのに、「ショック」と言われます。

いい印象を与えるというのは、つらいことなのです。

感情をコントロールする工夫

46

世間の印象を、隠れ蓑にしよう。

47 疑うのは、だまされるより、疲れる。

「だまされた。」

だまされないようにするには、疑うことです。
ただし、疑うことは、だまされることよりも疲れます。
人間関係で費やすエネルギーの量が大きいのです。
人間関係が悪い人は、ムダなエネルギーを使っています。
だまされれば、「だまされた」ですみます。
疑うことには、膨大な心理的コストがかかるのです。

人間の疲労には、

① 身体疲労

② 頭脳疲労

③ 精神疲労

の3つがあります。

身体疲労は、からだを使った疲労です。

頭脳疲労は、頭の中で計算したり考えたりすることによる疲労です。

精神疲労は、人間関係による疲労です。

会社の中で「疲れた」という言葉が出るのは、ほとんどは人間関係の精神疲労からです。

仕事して疲れているわけではないのです。

上司にどう思われたかわからない、得意先で怒られた、出入り禁止になった……、どれも人間関係による疲労です。

こういう人は眠れません。

からだが疲れていなくて、頭だけ興奮しています。

寝られないから、疲労が流れないために、よけい疲れます。

疲れて寝られない状態で会社に行くので、頭がまわらなくて、1人にどなられただけで全員にどなられた感じがしてしまいます。

こうして社内ウツが生み出されていくのです。

私のサラリーマン時代は、胃潰瘍《いかいよう》、十二指腸潰瘍がトップでした。

働きすぎで、仕事上の精神的な疲労に加えて、からだも頭も疲労していたのです。

得意先の接待での暴飲暴食で胃に負担がかかっていました。

いま、一番多いのはウツや心の疲労です。

産業医はメンタルヘルスが主です。

胃潰瘍はほとんどありません。

いまは、それほど仕事していなくても、働く気が起こらない、ヤル気が起こらない、得意先に言われたことがショックということからウツになります。

電通・博報堂では、得意先に言われたことに「心が折れた」「合わない」はありません。
何を言われても平気なのが広告代理店です。
合う・合わないと言っていたら始まらないのです。
合わせてなんぼの仕事が広告代理店です。
そこで手数料をいただいているのです。

感情をコントロールする工夫

47

疑うより、だまされよう。

「どなられた。」

48 相手を責めても、解決しない。脅迫《きょうはく》されても、損失は何もない。

どなって相手を責めても、心のエネルギーを使うだけです。

問題解決には結びつかないのです。

相手から責められても、損失は何もありません。

「うちの会社を辞めるなら、おまえをこの業界で生きていけないようにしてやる」という脅迫まがいの言葉で責められると、大きな損失に怖くなります。

業界内でそれほど力を持っていない人ほどそう言うのです。

力を持っている人は、言いません。

「そんなに偉い人なのかな。だったら、もうちょっと出世しているはずだ」と思っていればいいのです。ビビることは何もないのです。

責めたり、脅迫するような問題解決をしないことで、自分が疲れないですみます。

軽くとぼけているぐらいで流すのです。

人間関係がいい人は、「おまえ、そんなことをしたらどうなるかわかっているのか」とすごまれても「どうなるんですか?」と返します。

「痛い目にあうということだよ」「痛い目とは具体的には?」と、相手が疲れるまで堂々めぐりです。相手の言葉をその場の空気で受けとめるから、脅《おど》しにビビるのです。

脅しには、池上彰さんに聞くつもりで「痛い目とは具体的にどの辺がどのように痛いのでしょうか。痛いのは苦手なので」と聞いていけばいいのです。

感情をコントロールする工夫

48 脅迫で解決しようとしない。

第7章

嫌われる役が
一番愛される。

「みんなから、好かれたい。」

49 嫌われ役になれる人が、愛される。

チームには嫌われ役が必要です。

嫌われ役になれる人がリーダーです。

みんなから好かれたいと思っている人は、リーダーとしては失格です。

そういう人は、船が沈みそうな時に「大丈夫」と言ってしまいます。

「今、ここでこうしなければ船が沈んじゃうよ」と、怒ることができないのです。

部下を叱った時点で嫌われ役になります。

それがリーダーの仕事です。

部下から好かれたいと思っているリーダーは、船を沈めます。

これも太平洋戦争で起こったことです。

「負けたことを認めて、戦争をやめよう」と言う人は嫌われます。

新聞にも「あいつ、最低」と書かれます。

でも、それができることが船が沈まない方法です。

みんなから好かれたい人がリーダーになると、会社は倒産します。

そういう人はリーダーになってはいけないのです。

リーダーの仕事は嫌われ役になることです。

あらゆる組織に嫌われ役は必要です。

学校時代を思い出してもらえばわかります。

同窓会で会った時に懐かしい先生は、怖かった先生です。

優しかった先生は覚えていません。

怖かった先生に叱られたことはよく覚えているのです。

学校には必ず怖い先生がいました。

ところが、大人になってから会うと、優しいのです。

年齢が逆転したわけではありません。

相手が丸くなったわけでもありません。

学校の中では締め役の先生が必要です。

ほかの先生がうつむいて逃げた時に、怖かった先生は「じゃ、私がやります」と、嫌われ役を引き受けてくれたのです。

実際には、一番いい人です。

それには、きちんとした見返りがあります。

同窓会で卒業生に思い出してもらえます。

嫌われ役のできる人が一番愛されるのです。

東日本大震災の復興のためのチームには、取りまとめ役のリーダーがいます。

みんなで海岸から高台へ引越そうという時に、みんなが納得できるアイデアは出せません。

リーダーは必ず誰かから嫌われます。

それをできる人がリーダーです。

商店街を復活させようという人が出てきます。

いまはバラバラの店をエリアごとに分けることにします。

そのための引越しで、誰もがいい場所に行こうとします。

ところが、どこに行っても、自分は損している感があるのです。

組織は変革し続けることが必要です。

そんな中で、「リーダーは得をしているのに、自分は損をしている」と思われるのです。

リーダーは嫌われ役です。

幕末なら暗殺されます。

井伊直弼《いいなおすけ》は、開国しようとして暗殺されました。

その直後に、時代の流れは一気に開国に向かったのです。

みんなから嫌われているとしたら、それはあなたがリーダーだからです。

嫌われ役を進んで引き受けることが大切なのです。

感情をコントロールする工夫

49 嫌われ役を、引き受けよう。

「嫉妬される。」

50 嫉妬が、最高の他者承認だ。嫉妬されないのが、一番さびしい。

嫉妬は職場の中で必ず起こります。
嫉妬は最高の他者承認です。
「いいね」よりも、もっと上です。
いいと思わないものには嫉妬しません。
「私もあんなふうになりたい」と思うから、嫉妬するのです。
嫉妬もされなくて、相手からなんとも思われなくなると、完全に他者承認がなくなります。

これが一番さびしい状況です。

新しい彼ができた時に「あんなイケメンは絶対浮気するよ」と言われたら、「うらやましいんだな」と思って喜べばいいのです。

むしろ「いい人じゃん。浮気の心配ないし。きっと性格いいんでしょ?」と言われるのは、見た目がまったく評価されていないということなのです。

感情をコントロールする工夫

50 嫉妬されよう。

「子どもを、出会い系サイトに近づけたくない。」

51 他者承認を求めると、出会い系サイトにハマる。

情報化社会は他者承認を求める社会になっていきます。

「他者承認」の反対が「自己肯定」です。

自己肯定で生きるか、他者承認で生きるか、どちらを取るかです。

子どもは、みんなスマホを持っています。

お母さんの悩みで一番多いのは、「どうしたら子どもが危ない出会い系サイトにハマらずにすむか」ということです。

51 他者承認を求めない。

出会い系サイトは、子どもだけではなく、大人もハマります。他者承認のない人は、ひたすら自分を承認してくれる人を探して、行きつくところが出会い系サイトです。

出会い系サイトにハマる人は、他者承認を求めているのです。

他者承認を求めるのは、「おまえは、それでいい」と、自分を受けとめてくれる人が1人もいないからです。

受けとめてくれる人が1人いたら、他者承認を求めなくなります。

「自分は間違っていない」と、安心できるからです。

友達申請を集めれば集めるほど、出会い系サイトに行き当たります。

子どもを出会い系サイトにハマらせない方法は簡単です。

スマホを取り上げることではありません。

「あなたの絵はピカソクラス」と、ほめてあげることなのです。

「嫌われた。」

52 嫌われても、憎まれない。嫌われることを避けると、憎まれる。

人間関係の悪い人は、好かれようとはしていませんが、嫌われることを極端に恐れています。その結果、憎まれようになります。

「嫌われる」と「憎まれる」とは違います。

「憎まれる」には「恨《うら》み」が入っています。

嫌われたら憎まれないのです。単に「嫌い」で終わりです。

自分の中に少し「好き」が入っていると、「私はこんなにあの人のために尽くしたのに、どういうこと?」と、逆ギレが起こるのです。

憎まれるのは、実は愛されています。

または、相手に期待を与えてしまったということです。

たとえば、お食事会にいつも参加する人がいます。本当は行きたくないので、イヤイヤ感がつきまといます。この人は、嫌われてはいませんが、憎まれます。

「あの人は、来るのはいいんだけど、いつもノリが悪いし、イヤイヤ感満載だよね。あれなら来なければいいのに」という形になるのです。

頑張って嫌われないようにすることで、逆に憎まれるのです。

憎まれない方法は簡単です。

嫌われることを恐れないことです。嫌われているうちは、憎まれないのです。

感情をコントロールする工夫

52 嫌われることを、恐れない。

「言いたいことが、言えない。」

53 「今だから言うけど」と言う人は、信頼されない。

「今だから言うけど」と言う人は、いい人です。
その当座、悪いと思って、言わずにガマンしたのです。
結果、信頼されなくなります。
「だったら、その時に言ってよね」と思われるのです。
実際は、その時に言うと、怒られたり嫌われたりします。
彼女に「この服、どう？」と聞かれます。

「ちょっとヘンかな」と思っても、嫌われたくないから、つい「いいんじゃない」と言ってしまいます。

彼女は出かけた先で「ヘンだ」と言われてショックを受けます。

ここで、

「今だから言うけど、僕もヘンだと思っていた」

と言われたら、もっと許せません。

当座をしのごうとして、好かれたいと思ってしたことが嫌われるのです。

言いにくいことを先に言う人は、信頼されて、好かれます。

男性は、これが苦手です。

常に女性をほめなければと思っています。

女性同士でも、「いいね」とか「かわいい」と言わなければということがあります。

男性は、もっとビクビクしています。

女性に「どう？」と聞かれるのが、一番怖いのです。

いつも彼女にお弁当をつくってもらっているなら、5回に1回ぐらいは「今日のはいまいち」と言うようにします。
そのほうが5回に4回の「おいしい」に説得力が出るのです。

感情をコントロールする工夫

53 言いにくいことを、先に言ってあげよう。

「ダメなヤツだと、切り捨てられた。」

54 失敗で、好感度が上がる。

人間関係の悪い人は、失敗を相手に知られることを恐れます。

まず、失敗しないために、トライしなくなるのです。

次に、失敗したことを隠します。

上司からすると、部下が失敗を隠すことのほうが迷惑です。

知らずにニコニコお得意先に行って、お客様が激怒していることが理解できないまま接することになります。

部下が上司に失敗を隠すのは、失敗を報告することで、ダメなヤツだと思われて切り捨てられるのがイヤだからです。

上司に嫌われたくなくて、失敗を隠すのです。

その失敗はバレます。

失敗したことよりも、失敗を報告しなかったことで切り捨てられ、嫌われます。

失敗で切り捨てられることはないのです。

失敗を報告したことで、評価は上がります。

好感度も上がります。

成功しかしていない人は、まわりから「なんだ、あいつ」と、やっかまれます。

失敗することで、かわいがられるのです。

まじめな人は、1つの失敗で「終わったよ」と言います。

人間関係の悪い人は、必ず「終わったよ」と言うのです。

終わっていません。

撮影現場でＮＧを出す人は好かれます。

先輩がＮＧを出すと、「なんていい人なんだろう」と思います。

自分もＮＧを出しやすくなるからです。

ＮＧを出さない人はプレッシャーです。

相手の長ゼリフのあとに自分の短いセリフで噛《か》むと、責任を感じます。

失敗することで、場が和《なご》むのです。あとの人がラクになります。

一番迷惑なのは、カラオケのトップに歌う人がうまいことです。

カラオケのトップは、ヘタな人が歌うほうがいいのです。

「ヘタに歌うと嫌われる。上手に歌わないと」と意気込んでいても、「なに上手に歌ってるの」と言われるだけです。

上手に歌うことで愛されるというのは勘違いです。

その能力は仕事で発揮すればいいのです。

感情をコントロールする工夫

54

失敗を、隠さない。

「なぜ嫌われたのか、わからない。」

55 嫌われるのは、好きで甘えたいのに、甘えさせないからだ。

甘えさせてくれないと、好きな人のことも嫌いになります。
「好き」が入るから、「嫌い」が生まれるのです。
好きな人には甘えたくなります。
最初から「嫌い」はないのです。
興味がなくて、覚えていないだけです。
嫌われたら、自分に対して甘えてきていると思えばいいのです。

相手を「嫌い」と感じたら、「自分はこの人に甘えたい気持ちがあるんだな」と思えばいいのです。

感情をコントロールする工夫

55

嫌われたら、好かれていると考えよう。

「みんなから、嫌われている。」

56 100人の1人に嫌われても、99人残っている。9999人に嫌われたら、1人に愛される。

100人のうちの1人に嫌われたら、みんなに嫌われたと思うのは、部分を全体化しています。

「あんたのことは嫌い」と言う人が1人いても、99人は黙っています。

「黙っている人も嫌いになっているに違いない」と勝手に思いこまないことです。

まだ99人残っています。

99人が「嫌い」と表明しても、まだ1人残っています。

99人に嫌われた時は、残りの1人が愛してくれます。

作家は、ファンレターの中に「面白くない。カネ返せ」というイヤな手紙が入っているると、くじけます。

バッシングが出て初めて、ファンがついたということです。

ファンのいない人にはバッシングもありません。

認知されていないのです。

売れるお笑いタレントさんも、「嫌いなタレント」にランクインしないと、人気は出ません。

仕事の現場でも、嫌われたり、敵が出てきた時点で、味方もあらわれるのです。

感情をコントロールする工夫

56

1人の味方に気づこう。

「『さびしい』も『わずらわしい』も、しんどい。」

57

おわりに

「さびしい」から、「わずらわしい」につかまる。好きなことがあると、「さびしい」はなくなる。

人間関係の悪い人は、「さびしい」と「わずらわしい」の落とし穴にハマります。
「さびしい」があると、友達をつくろうとします。
SNSに参加して、お食事会も女子会も全部出ます。

休みたい時に休めず、いつも誰かと一緒で「わずらわしい」になるのです。

みんなと一緒にいることもあるし、時には1人でいたいという自由度はなくなります。


人間関係のストレスを解決するには、好きなことを持つのが一番です。


好きなことは、それをしない日も文句を言いません。

フィギュアは、フィギュアをつくるのが好きな人に、「なんで今日はつくってくれないの」とは言わずに待っていてくれます。

好きな時にして、休みたい時に休めるのが、好きなことです。

好きなことがある人は「さびしい」とは言いません。

好きなことも「さびしい」とは言いません。

それをしたらどうなるという見返りは何もないのです。

見返りを求める時点で、相手とのかかわり方、好きなことのかかわり方が間違っています。

没頭できる好きなことがあれば、「さびしい」と「わずらわしい」を行ったり来たりすることもなくなるのです。

感情をコントロールする工夫

57

好きなことに、没頭しよう。

『「ひと言」力。』**(パブラボ)**
『一流の男　一流の風格』**(日本実業出版社)**
『「あと１年でどうにかしたい」と思ったら
　読む本』**(主婦の友社)**
『変える力。』**(世界文化社)**
『なぜあの人は感情の整理がうまいのか』
　(中経出版)
『人は誰でも講師になれる』
　(日本経済新聞出版社)
『会社で自由に生きる法』
　(日本経済新聞出版社)
『全力で、1ミリ進もう。』**(文芸社文庫)**
『だからあの人のメンタルは強い。』
　(世界文化社)
『「気がきくね」と言われる人のシンプルな
　法則』**(総合法令出版)**
『だからあの人に運が味方する。』
　(世界文化社)
『だからあの人に運が味方する。
　(講義DVD付き)』**(世界文化社)**
『なぜあの人は強いのか』**(講談社＋α文庫)**
『占いを活かせる人、ムダにする人』**(講談社)**
『贅沢なキスをしよう。』**(文芸社文庫)**
『3分で幸せになる「小さな魔法」』
　(マキノ出版)
『大人になってからもう一度受けたい
　コミュニケーションの授業』
　(アクセス・パブリッシング)
『運とチャンスは「アウェイ」にある』
　(ファーストプレス)
『「出る杭」な君の活かしかた』
　(明日香出版社)
『大人の教科書』**(きこ書房)**
『モテるオヤジの作法2』**(ぜんにち出版)**
『かわいげのある女』**(ぜんにち出版)**
『壁に当たるのは気モチイイ
　人生もエッチも』**(サンクチュアリ出版)**
『ハートフルセックス』[新書]
　(KKロングセラーズ)
書画集『会う人みんな神さま』**(DHC)**
ポストカード『会う人みんな神さま』
(DHC)

[面接の達人]**(ダイヤモンド社)**

『面接の達人　バイブル版』
『面接の達人　面接・エントリーシート
　問題集』

【PHP研究所】
『叱られる勇気』
『40歳を過ぎたら「これ」を捨てよう。』
『中学時代がハッピーになる30のこと』
『頑張ってもうまくいかなかった夜に
読む本』
『仕事は、こんなに面白い。』
『14歳からの人生哲学』
『受験生すぐにできる50のこと』
『高校受験すぐにできる40のこと』
『ほんのささいなことに、恋の幸せがある。』
『高校時代にしておく50のこと』
『中学時代にしておく50のこと』

【PHP文庫】
『もう一度会いたくなる人の話し方』
『お金持ちは、お札の向きがそろっている。』
『たった3分で愛される人になる』
『自分で考える人が成功する』
『大人の友達を作ろう。』
『大学時代しなければならない50のこと』

【大和書房】
『結果がついてくる人の法則58』

【だいわ文庫】
『27歳からのいい女養成講座』
『なぜか「HAPPY」な女性の習慣』
『なぜか「美人」に見える女性の習慣』
『いい女の教科書』
『いい女恋愛塾』
『やさしいだけの男と、別れよう。』
『「女を楽しませる」ことが男の最高の仕事。』
『いい女練習帳』
『男は女で修行する。』

【学研パブリッシング】
『美人力』
『魅惑力』
『冒険力』
『変身力』
『セクシーなお金術』
『セクシーな会話術』
『セクシーな仕事術』
『口説きません、魔法をかけるだけ。』
『強引に、優しく。』

【阪急コミュニケーションズ】
『いい男をつかまえる恋愛会話力』
『サクセス＆ハッピーになる50の方法』

【あさ出版】
『「いつまでもクヨクヨしたくない」とき
読む本』
『「イライラしてるな」と思ったとき読む本』
『「つらいな」と思ったとき読む本』

【きずな出版】
『いい女は「変身させてくれる男」とつきあう。』
『ファーストクラスに乗る人の人脈』
『ファーストクラスに乗る人のお金2』
『ファーストクラスに乗る人の仕事』
『ファーストクラスに乗る人の教育』
『ファーストクラスに乗る人の勉強』
『ファーストクラスに乗る人のお金』
『ファーストクラスに乗る人のノート』
『ギリギリセーーフ』

【ぱる出版】
『運のある人、運のない人』
『器の大きい人、小さい人』
『品のある人、品のない人』

『「お金持ち」の時間術』
（二見書房・二見レインボー文庫）
『一流の思考の作り方』
（リベラル社）
『服を変えると、人生が変わる』
（秀和システム）
『なぜあの人は40代からモテるのか』
（主婦の友社）
『一流の時間の使い方』**（リベラル社）**
『品のある人、品のない人』**（ぱる出版）**
『輝く女性に贈る　中谷彰宏の魔法の言葉』
（主婦の友社）
『名前を聞く前に、キスをしよう。』
（ミライカナイブックス）
『ほめた自分がハッピーになる「止まらなくなる、ほめ力」』**（パブラボ）**
『なぜかモテる人がしている42のこと』
（イースト・プレス　文庫ぎんが堂）
『一流の人が言わない50のこと』
（日本実業出版社）
『輝く女性に贈る中谷彰宏の魔法の言葉』
（主婦の友社）

【PHP研究所】
『[図解]お金も幸せも手に入れる本』
『もう一度会いたくなる人の聞く力』
『もう一度会いたくなる人の話し方』
『[図解]仕事ができる人の時間の使い方』
『仕事の極め方』
『[図解]「できる人」のスピード整理術』
『[図解]「できる人」の時間活用ノート』

【PHP文庫】
『中谷彰宏　仕事を熱くする言葉』
『入社3年目までに勝負がつく77の法則』

【オータパブリケイションズ】
『せつないサービスを、胸きゅんサービスに変える』
『ホテルのとんがりマーケティング』
『レストラン王になろう2』
『改革王になろう』
『サービス王になろう2』
『サービス刑事』

【あさ出版】
『気まずくならない雑談力』
『人を動かす伝え方』
『なぜあの人は会話がつづくのか』

【学研パブリッシング】
『片づけられる人は、うまくいく。』
『怒らない人は、うまくいく。』
『ブレない人は、うまくいく。』
『かわいがられる人は、うまくいく。』
『すぐやる人は、うまくいく。』

『一流の仕事の習慣』**(ベストセラーズ)**
『仕事は、最高に楽しい。』**(第三文明社)**
『「反射力」早く失敗してうまくいく人の習慣』**(日本経済新聞出版社)**
『伝説のホストに学ぶ82の成功法則』**(総合法令出版)**
『富裕層ビジネス　成功の秘訣』**(ぜんにち出版)**
『リーダーの条件』**(ぜんにち出版)**
『成功する人の一見、運に見える小さな工夫』**(ゴマブックス)**
『転職先はわたしの会社』**(サンクチュアリ出版)**
『あと「ひとこと」の英会話』**(DHC)**

[恋愛論・人生論]

【ダイヤモンド社】
『なぜあの人は逆境に強いのか』
『25歳までにしなければならない59のこと』
『大人のマナー』
『あなたが「あなた」を超えるとき』
『中谷彰宏金言集』
『「キレない力」を作る50の方法』
『お金は、後からついてくる。』
『中谷彰宏名言集』
『30代で出会わなければならない50人』
『20代で出会わなければならない50人』
『あせらず、止まらず、退かず。』
『「人間力」で、運が開ける。』
『明日がワクワクする50の方法』
『なぜあの人は10歳若く見えるのか』
『テンションを上げる45の方法』
『成功体質になる50の方法』
『運のいい人に好かれる50の方法』
『本番力を高める57の方法』
『運が開ける勉強法』
『ラスト3分に強くなる50の方法』
『答えは、自分の中にある。』
『思い出した夢は、実現する。』
『習い事で生まれ変わる42の方法』
『面白くなければカッコよくない』
『たった一言で生まれ変わる』
『なぜあの人は集中力があるのか』
『健康になる家　病気になる家』
『スピード自己実現』
『スピード開運術』
『失敗を楽しもう』
『20代自分らしく生きる45の方法』
『受験の達人2000』
『お金は使えば使うほど増える』
『大人になる前にしなければならない50のこと』
『会社で教えてくれない50のこと』
『学校で教えてくれない50のこと』
『大学時代しなければならない50のこと』
『昨日までの自分に別れを告げる』
『人生は成功するようにできている』
『あなたに起こることはすべて正しい』

中谷彰宏　主な作品一覧

［ビジネス］

【ダイヤモンド社】

『50代でしなければならない55のこと』
『なぜあの人の話は楽しいのか』
『なぜあの人はすぐやるのか』
『なぜあの人の話に納得してしまうのか[新版]』
『なぜあの人は勉強が続くのか』
『なぜあの人は仕事ができるのか』
『なぜあの人は整理がうまいのか』
『なぜあの人はいつもやる気があるのか』
『なぜあのリーダーに人はついていくのか』
『なぜあの人は人前で話すのがうまいのか』
『プラス1%の企画力』
『こんな上司に叱られたい。』
『フォローの達人』
『女性に尊敬されるリーダーが、成功する。』
『就活時代しなければならない50のこと』
『お客様を育てるサービス』
『あの人の下なら、「やる気」が出る。』
『なくてはならない人になる』
『人のために何ができるか』
『キャパのある人が、成功する。』
『時間をプレゼントする人が、成功する。』
『会議をなくせば、速くなる。』
『ターニングポイントに立つ君に』
『空気を読める人が、成功する。』
『整理力を高める50の方法』
『迷いを断ち切る50の方法』
『初対面で好かれる60の話し方』
『運が開ける接客術』
『バランス力のある人が、成功する。』
『映画力のある人が、成功する。』
『逆転力を高める50の方法』
『最初の3年その他大勢から抜け出す
50の方法』
『ドタン場に強くなる50の方法』
『アイデアが止まらなくなる50の方法』
『メンタル力で逆転する50の方法』
『超高速右脳読書法』
『なぜあの人は壁を突破できるのか』
『自分力を高めるヒント』
『なぜあの人はストレスに強いのか』
『なぜあの人は仕事が速いのか』
『スピード問題解決』
『スピード危機管理』
『スピード決断術』
『スピード情報術』
『スピード顧客満足』
『一流の勉強術』
『スピード意識改革』
『お客様のファンになろう』
『成功するためにしなければならない80のこと』
『大人のスピード時間術』
『成功の方程式』
『なぜあの人は問題解決がうまいのか』
『しびれる仕事をしよう』
『「アホ」になれる人が成功する』
『しびれるサービス』
『大人のスピード説得術』
『お客様に学ぶサービス勉強法』
『大人のスピード仕事術』
『スピード人脈術』
『スピードサービス』
『スピード成功の方程式』
『スピードリーダーシップ』
『大人のスピード勉強法』
『一日に24時間もあるじゃないか』
『もう「できません」とは言わない』
『出会いにひとつのムダもない』
『お客様がお客様を連れて来る』
『お客様にしなければならない50のこと』
『30代でしなければならない50のこと』
『20代でしなければならない50のこと』
『なぜあの人の話に納得してしまうのか』
『なぜあの人は気がきくのか』
『なぜあの人は困った人とつきあえるのか』
『なぜあの人はお客さんに好かれるのか』
『なぜあの人はいつも元気なのか』
『なぜあの人は時間を創り出せるのか』
『なぜあの人は運が強いのか』
『なぜあの人にまた会いたくなるのか』
『なぜあの人はプレッシャーに強いのか』

【ファーストプレス】

『「超一流」の会話術』
『「超一流」の分析力』
『「超一流」の構想術』
『「超一流」の整理術』
『「超一流」の時間術』
『「超一流」の行動術』
『「超一流」の勉強法』
『「超一流」の仕事術』

著者紹介

中谷彰宏（なかたに・あきひろ）

1959年、大阪府生まれ。早稲田大学第一文学部演劇科卒業。84年、博報堂に入社。ＣＭプランナーとして、テレビ、ラジオＣＭの企画、演出をする。91年、独立し、株式会社中谷彰宏事務所を設立。ビジネス書から恋愛エッセイ、小説まで、多岐にわたるジャンルで、数多くのロングセラー、ベストセラーを送り出す。「中谷塾」を主宰し、全国で講演・ワークショップ活動を行っている。

■公式サイト　http://www.an-web.com/

本の感想など、どんなことでも、
あなたからのお手紙をお待ちしています。
僕は、本気で読みます。　　　　中谷彰宏

〒162-0816　東京都新宿区白銀町1-13
きずな出版気付　中谷彰宏行

※食品、現金、切手などの同封は、ご遠慮ください（編集部）

中谷彰宏は、盲導犬育成事業に賛同し、この本の印税の一部を（財）日本盲導犬協会に寄付しています。

ファーストクラスに乗る人の人間関係
——感情をコントロールする57の工夫

2015年12月1日　第1刷発行

著　者　　中谷彰宏

発行者　　櫻井秀勲
発行所　　きずな出版
東京都新宿区白銀町1-13　〒162-0816
電話03-3260-0391　振替00160-2-633551
http://www.kizuna-pub.jp/

装　幀　　福田和雄（FUKUDA DESIGN）
編集協力　ウーマンウエーブ
印刷・製本　モリモト印刷

ISBN978-4-907072-45-2

きずな出版

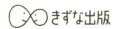